「また利用したい」と言わせる
ショートステイ
相談援助 | 運営管理

刊行にあたって

本書の目的と対象者

　本書は，ショートステイに携わる職員にとってサービスの方向性や具体的な業務内容を示すものです。

　筆者は仕事柄，ショートステイの担当者と話をする機会が多くあります。その中で，「特養の仕事よりもショートステイの仕事の方が大変」「ショートステイでは問題が発生することが多い」「ショートステイの相談員業務は難しい」という声をよく耳にします。一方で，特別養護老人ホームに関する書籍（マニュアル類）はすでに相当数存在しますが，ショートステイに焦点を当てた書籍は，それに比べると極めて少ないのが現状です。特に相談援助やマネジメントに関する分野が不足していると言えます。問題が山積しているサービスであるにもかかわらず，その解決策について取り上げている書籍（マニュアル類）が少ないのがショートステイの現状です。こうした点が，本書を執筆するに至った背景にあります。

　本書は，筆者がショートステイの担当者およびショートステイに関する研究を続けてきた中から，重要と思われる点をまとめたものです。筆者自身，生活相談員という立場で働いてきたため，ソーシャルワークの視点が色濃く反映されていますが，介護職員，看護職員といった他の職種に活用いただいても理解しやすい内容となっています。

　なお，本書で取り上げる「ショートステイ」とは，主に「短期入所生活介護」のことを指しています。ただし，「短期入所療養介護」に携わる方が読んでいただいても，通用する内容になっています。したがって，「生活相談員」の部分を「支援相談員」と読み替えていただいても差し障りありません。

本書の構成

　本書は，ショートステイに携わる各職員（生活相談員，介護職員，看護職員など）が，サービスの本質や具体的な業務内容について学べるよう体系的に構成されています。また，読者の関心に沿って，どの章から読み進めていただいても理解できるように配慮しています。

　第1章では，まずショートステイの歴史について触れた後，ショートステイに求められる役割と構造的な課題について解説します。その後，サービス提供の方向性，

ショートステイにおける各職種の役割について言及します。

　第2章では,ショートステイにおける相談援助業務を中心に取り上げます。相談援助を担う生活相談員の業務に焦点を当て,予約受付,事前面接,個別援助計画,送迎サービスといった業務内容について解説します。さらに,生活相談員の業務に対する姿勢についても言及します。

　第3章では,ショートステイの運営管理について取り上げます。稼働率の管理方法や施設のPR戦略について考えます。また,ショートステイのチーム形成の方法や,サービス満足度の向上に向けた取り組みについても言及します。

　第4章では,ショートステイのリスクマネジメントについて取り上げます。まず,ショートステイにおけるリスクマネジメントの考え方を確認した後,事故や苦情の対応方法,医療依存度の高い利用者や認知症のBPSDがみられる利用者の受け入れなどについて解説します。

　第5章では,ショートステイにおける支援困難事例について取り上げます。7つの事例を提示し,その問題点や支援の方向性について確認します。

謝辞

　本書の出版にあたり,日総研出版大阪事務所の西本茂樹氏に,適宜ご指導をいただきました。心より感謝申し上げます。

2015年2月

口村　淳

博士（社会福祉学）
社会福祉法人恩賜財団済生会支部滋賀県済生会
特別養護老人ホーム淡海荘　係長・生活相談員
社会福祉士／介護支援専門員／介護福祉士

CONTENTS

第1章 ショートステイの意義と課題　5

1. ショートステイとは 6
2. ショートステイに求められる役割 9
3. ショートステイの構造的課題 15
4. ショートステイにおけるサービス提供の方向性 18
5. ショートステイに携わる各職種の役割 24

第2章 ショートステイにおける相談援助の視点とスキル　33

1. ショートステイにおける生活相談員の悩み 34
2. ショートステイにおける生活相談員業務 39
3. ショートステイにおける記録の種類 43
4. 予約受付と調整 44
5. 事前面接の役割と手順 51
6. ショートステイ利用者の個別援助計画の作成 68
7. 送迎サービスの役割と実際 72
8. 生活相談員の業務に対する姿勢 77

第3章 ショートステイにおける運営管理の視点と実際　85

1. 稼働率管理の視点と実際 86
2. 施設のPR戦略と営業活動 93
3. ショートステイのチーム形成 97
4. サービス満足度の向上に向けて 101

第4章 ショートステイにおけるリスクマネジメント　111

1. ショートステイにおけるリスクマネジメントの考え方 112
2. ショートステイにおける事故対応 116
3. ショートステイにおける苦情対応 119
4. 医療依存度の高い利用者の受け入れと対応 123
5. 認知症のBPSDがみられる利用者の受け入れと対応 125
6. ショートステイにおける感染対策 127

第5章　ショートステイにおける支援困難事例の実際　133

- **CASE 1**　帰宅願望を伴う粗暴行為がみられた事例 134
- **CASE 2**　無断外出（離設行為）がみられた事例 138
- **CASE 3**　転倒事故により骨折し入院となった事例 143
- **CASE 4**　本人と家族の利用期間に対する意向が異なる事例 148
- **CASE 5**　嚥下障害のため食事摂取が難しい事例 153
- **CASE 6**　利用者同士のトラブルから負傷事故が生じた事例 158
- **CASE 7**　介護負担が大きいにもかかわらず途中帰宅に至った事例 163

巻末資料　167

- コンプライアンス点検表 168
- ショートステイに関する加算一覧 182

Column コーヒーブレイク

- ①「ロングショートステイ」の落とし穴 14
- ②「日帰りショートステイ」とは 23
- ③「緊急ショートステイ」とは 30
- ④「何でも屋」は悪いこと？ 38
- ⑤調整の極意？ 50
- ⑥マエストロのつぶやき？ 67
- ⑦生活相談員として長く務めるには… 82
- ⑧批判に耐える 92
- ⑨「ロングショートステイ」と大義名分 100
- ⑩食品偽装と料理人のプライド 108
- ⑪I'm sorry運動 122
- ⑫苦情を「宝物」に 130

第1章
ショートステイの意義と課題

1. ショートステイとは

1) ショートステイの歴史

　ショートステイとは，在宅の要介護高齢者が，特別養護老人ホーム（以下，特養）や老人短期入所施設などに短期間入所し，食事，排泄，入浴，機能訓練などのお世話を受ける介護保険上のサービスです。法令には，次のように記載されています。

> 第120条　指定居宅サービスに該当する短期入所生活介護（以下「指定短期入所生活介護」という。）の事業は，要介護状態となった場合においても，その利用者が可能な限りその居宅において，その有する能力に応じ自立した日常生活を営むことができるよう，入浴，排せつ，食事等の介護その他の日常生活上の世話及び機能訓練を行うことにより，利用者の心身の機能の維持並びに利用者の家族の身体的及び精神的負担の軽減を図るものでなければならない。
>
> ※指定居宅サービス等の事業の人員，設備及び運営に関する基準（平成十一年三月三十一日厚生省令第三十七号）

　ショートステイの歴史を簡単に振り返ると，制度として登場したのは，1978年の「ねたきり老人短期保護事業」という厚生省（当時）通知が最初とされています。利用要件は，「社会的理由」（介護者の疾病，出産，冠婚葬祭など）に限定されていました。実施施設も，特養のみで，利用期間は原則として7日以内と決められていました。1985年に「ねたきり老人短期保護事業」は「在宅老人短期保護事業」と名称が変わり，利用要件が「私的理由」（介護疲れによる休養，旅行など）の場合でも利用できるように拡大されました。この時から，ショートステイに介護者の休養という「レスパイトケア」の概念が導入されたことになります。

　その後，1989年に発表された「高齢者保健福祉推進10ヵ年戦略（ゴールドプラン）」では，デイサービスやホームヘルプサービスと並んで在宅介護を支える「3本柱」の1つとして位置づけられました。この後に発表される「新ゴールドプラン」（1994年），「ゴールドプラン21」（1999年）を含め，ショートステイのベッド数の整備目標が示され，これを機にショートステイは飛躍的に拡大することになりました。また1991年には，「痴呆性老人介護加算」（当時の名称）が設けられました。それまでショートステイの対象者は，寝たきりの高齢者が中心でしたが，この施策により認知症高齢者のショートステイの利用を促進しようという意図がうかがえます。

ショートステイの整備目標

ゴールドプラン（1989年）	新ゴールドプラン（1994年）	ゴールドプラン21（1999年）
5万床	6万人分	9万6,000人分

　2000年から始まった介護保険制度では，ショートステイは「短期入所生活介護」と「短期入所療養介護」に分類されました。前者は，特養などの福祉施設に入所して日常生活上の世話を受けるもので，後者は，老人保健施設（以下，老健）や医療機関に入所して療養上の世話を受ける内容です。これまでは，寝たきりや認知症の高齢者を介護する家族のための制度という傾向が強かったのですが，介護保険制度を機に，利用者本人へのサービス提供にも焦点が当てられるようになったと言えます。

　現在ショートステイ（短期入所生活介護）は，全国に8,980カ所あると言われます[*1]。この数は，特養（6,590カ所）の約1.4倍に及びます。もともと特養の空きベッドを活用する形で始まったショートステイですが，すでに数の上では特養を上回っており，そのニーズの高さがうかがえます。

2）多様化する「泊まり」のサービス

　これまで在宅サービスの中で「宿泊」が可能なものは，ショートステイだけと言える状況でした。しかし，2005年の介護保険法の改正により，新たに小規模多機能型居宅介護（以下，小規模多機能）が創設されました。この制度は，通所サービスを中心に，短期間の宿泊サービスや訪問サービスを組み合わせた形態です。小規模多機能の登場により，「泊まり」が可能なサービスはショートステイだけではなくなりました。ただし，小規模多機能は，利用をするには事前の登録が必要となります。登録をしている人は，訪問介護，通所介護，短期入所を自由に組み合わせて使うことができます。また，「顔なじみ」の職員が，アットホームな生活環境でサービス提供を行うため，利用者や家族にすれば安心感が持てます。従来の施設ケアでは難しかった点をカバーする上で，有意義なサービスだと言えます。

　では，小規模多機能の登場により，ショートステイは減少傾向になるかと言えば，そうは思いません。当面ショートステイのニーズは，これまでどおり高い状態で続くと推測されます。その理由は，ショートステイの在宅サービスとしての使い勝手の良さにあると考えます。

＊1　厚生労働省「平成24年介護サービス施設・事業所調査」を参照。

表1　「泊まり」サービスの多様化

「泊まり」サービス	ショートステイ （短期入所生活介護・短期入所療養介護）
	小規模多機能型居宅介護
	宿泊付きデイサービス（お泊まりデイ）

　筆者の経験した事例を紹介します。1人の要介護者を，2人の息子さんが分担して介護をしていました。2人の息子さんは，それぞれ別の県に住んでいます。そのため，月の半分を長男の住むA県，もう半分を二男の住むB県で暮らすというスタイルでした。息子さんたちはそれぞれ仕事があるため，両人とも地元のショートステイを活用していました。ショートステイの場合，要介護認定さえ受けていれば，全国どこの施設でも利用できる便利さがあります。ケアマネジャーが電話一本で，それぞれの県のショートステイを予約するという方法をとっていました。このように，要介護認定を受けていれば自由に施設を選択できる点は，ショートステイの強みと言えます。「泊まり」のサービスが，小規模多機能に集約されるというよりは，利用者の「泊まり」サービスの選択肢が増えたという方が適切と言えるでしょう。

　また近年，「宿泊付きデイサービス」（「お泊まりデイサービス」とも言われています）というビジネスが全国的に増えてきています（**表1**）。これは，通常のデイサービスに，宿泊機能を付加したものです。デイサービス自体は介護保険の対象となりますが，宿泊している時間帯は介護保険の対象外となるため，価格の設定も自由にできるようになっています。各地でショートステイのベッド数が不足しており，思うように利用できないという声が聞かれる中，「宿泊付きデイサービス」のニーズは低いとは言えません。

　しかし，この「宿泊付きデイサービス」には問題も指摘されています。例えば，1つの部屋に多人数で宿泊したり，夜間の職員体制，防火設備も十分ではなかったりすることなどが挙げられます。こうした現状に対し，東京都や大阪府をはじめ各自治体が「宿泊付きデイサービス」の独自基準を打ち出すようになり，それをクリアしないと開設を認められない傾向になりつつあります。ここでは「宿泊付きデイサービス」の是非を論じることは控えますが，現時点で「宿泊」可能なサービスの役割を果たしていることは事実と言えます。

表2 ショートステイの役割

対象	役割
家族	①介護の代替
	②レスパイトケア
利用者	③専門的サービスの提供
	④社会参加の機会
	⑤利用者の情報収集・評価
その他	⑥モラトリアム的利用
	⑦体験的利用

2．ショートステイに求められる役割

　前述したように，ショートステイは利用者が短期間施設に滞在し，食事や入浴などのお世話を受けるサービス形態です。ショートステイの利用には，家族の意向が反映される傾向があると言われます。しかし，ショートステイに求められる役割は，それだけではありません。**表2**に示したように，ショートステイには主として7つの役割があると考えられます。

1）介護の代替

　在宅で介護をしている家族が，何らかの事情により，それを続けることが一時的に難しくなることがあります。例えば，冠婚葬祭，出張，旅行，介護者の入院などの場面が考えられます。「介護の代替」とは，家族がこうした理由により，一時的に介護が難しくなる場合であっても，ショートステイを利用する（利用者が施設に滞在する）ことで，家族の介護の肩代わりをすることです。在宅での介護を継続させるためには，なくてはならない支援と言えます。「介護の代替」は，ショートステイの代表的な役割の1つと言えます。

2）レスパイトケア

　レスパイト（respite）とは，「一時的な休息」の意味です。「レスパイトケア」とは，在宅で介護している家族のためのもので，一定期間，介護から離れることで，心身ともにリフレッシュし，また新鮮な気持ちで介護に臨むことができるというものです。ショートステイは，レスパイトケアの代表的なサービスと言われます。その理由は，①利用期間を柔軟に設定できる点，②24時間単位で利用者を支援でき

る点，にあると考えられます。

①利用期間を柔軟に設定ができる

　これは，利用者のニーズに応じて，利用期間や頻度をカスタマイズできることを指しています。例えば，ひと月に継続して2週間程度利用する場合，1週間を2回くらい利用する場合，週末ごとに数日間くらい利用する場合など，リフレッシュに要するレスパイトケアの長さは，家族によって異なります。こうしたニーズに対応可能であることも，ショートステイが「レスパイトケア」として優れている理由に挙げられます。

②24時間単位で利用者を支援できる

　ショートステイでは，夜間も含めた利用者の生活を支援することが可能となります。デイサービスやホームヘルプサービスもレスパイトケアの役割を担いますが，一日のうちの部分的なかかわりしかできません。その点ショートステイは，一時的ですが利用者が施設に入所をするため，利用者の生活を24時間単位で支援することが可能です。この点も，ショートステイが「レスパイトケア」として優れている理由に挙げられます。

　「介護の代替」と並び，レスパイトケアはショートステイの代表的な役割の1つと言えます。

3）専門的サービスの提供

　利用者からみてショートステイを利用するメリットの1つに，施設で提供される専門的なサービスが受けられることがあります。在宅と比べて，施設の良い点は，専門的な環境，人材が配置されていることです。

　例えば，自宅では食事がうまくとれていない要介護者が，ショートステイを利用することで，定時に栄養管理された食事をとることができます。水分補給についても，同じことが言えます。また，身体に障害があるため，自宅の浴槽では入浴が難しい人でも，施設の特殊浴槽を使用することで，無理のない入浴が可能となります。さらに，機能訓練指導員を配置している施設では，施設の設備や器具を活用し，利用中に専門的なリハビリテーションを受けることも可能です。ハード，ソフトの両面で，施設の専門的な機能を活用し，利用者にとって自宅では実現が難しいとされるサービスを提供することも，ショートステイに求められる役割と言えます。

4) 社会参加の機会

　施設では，規模の大小はあるものの，複数の利用者が生活（利用）をしています。集団生活は，プライバシーの点で問題があると指摘されることがありますが，逆に言えば，集団の持つ力を活用できるのは，在宅にはない施設の長所（メリット）でもあります。

　在宅の高齢者の中には，自宅に閉じこもりがちな人もみられます。外出しようにも，身体機能に障害があるため，スムーズな外出が難しい人もみられます。それが遠因となり，社会参加の機会が減少する傾向にもつながります。ショートステイを利用することは，ある意味で利用者の「社会参加の機会」ととらえることができます。これは，通所系サービスの代表的な特徴でもありますが，ショートステイにもこの役割は当てはまります。施設の喫茶ルームやテレビのあるスペースには，自然と利用者が集い，会話を楽しんでいる光景を目にすることがあります。中には，ショートステイを利用することで，特養入所者や同じショートステイ利用者と友人になる人もみられます。利用者同士の人間関係を強要することは勧められませんが，さりげなく利用者同士が交流できる環境を整えるという配慮は重要です。ショートステイを利用すること自体が，利用者の「社会参加の機会」の一翼を担っていると言えます。

5) 利用者の情報収集・評価

　ショートステイに携わる職員は，利用者へのサービス提供を行うと同時に，利用者の心身状態や生活状態などに関する情報収集を行います。ショートステイ利用中に収集された情報は，ショートステイでのサービス提供だけではなく，その他のサービスや在宅での介護にフィードバックされることがあります。その意味では，利用者の情報収集や評価を行うことは，ショートステイの役割の1つと言えます。

　ショートステイが，情報収集や評価に有利な理由が2つあります。1つは，施設には看護職員，介護職員，生活相談員など，さまざまな専門職が配置されており，それぞれの専門的見地から状態の観察が可能な点です。例えば，入浴介助の際には，保清だけではなく，全身の皮膚状態の観察が行えます。入浴や着脱の介助中に，褥瘡が発見されることも，しばしばあります。

　もう1つは，ショートステイは夜間も含めた利用者の状態観察が可能な点です。これは，デイサービスやホームヘルプサービスなど他のサービスでは難しい点と言

えます。家族を除いて，夜間の利用者の状態像を把握している人は，案外少ないのです。介護認定調査員が，自宅での調査終了後に，ショートステイ利用中の様子や状態を教えてほしいと電話をかけてくることがあります。これも，ショートステイには夜間も含めた情報収集が行えるという特徴があるためです。サービス提供や在宅介護に役に立つ情報収集が行える点は，ショートステイの役割の1つと言えます。

6）モラトリアム的利用

モラトリアム（moratorium）には，「猶予期間」という意味があります。ここでいう，「モラトリアム的利用」とは，利用に際しての明確な目的はないものの，利用者の生活の場を確保するという利用方法のことです。モラトリアム的利用には，次の3つのパターンが考えられます。

| ①病院 ⇒ ショートステイ ⇒ 在宅 |
| ②施設 ⇒ ショートステイ ⇒ 施設 |
| ③在宅 ⇒ ショートステイ ⇒ 施設 |

①のパターンは，入院をしていた要介護者が，退院後すぐに自宅に戻ることが難しい場合，いったんショートステイを利用し，状態が回復した後に，自宅に戻るという利用方法です。②と③のパターンは，特養や老健などといった施設に入所するまでの待機場所としての利用方法です。ショートステイですので，終身の利用は難しいですが，入所の順番が目前に迫っている場合などに使われる方法です。昨今，「ロングショートステイ」（P.14参照）と呼ばれる利用方法も，これに該当します。

このように，「つなぎ」の場として活用される「モラトリアム的利用」の是非については，賛否両論あると思われます。しかし，現実問題として，施設退所後に自宅に帰ることが難しい利用者や，退院後にすぐに自宅に戻ることが難しい利用者がいることも事実です。こうした実情に対し，迅速かつ柔軟に対応できることも，ショートステイの役割の1つと言えます。

7）体験的利用

　ショートステイの「体験的利用」には，次の2つの方法があります。1つは，将来的にショートステイを利用することを前提に，比較的状態の安定している段階で利用する場合です。要介護度が重度になってから，あるいは認知症が進行した段階で，初めてショートステイを利用する場合，利用者本人に過度の負担がかかり，混乱がみられる場合があります。いざという時に本人が混乱しないためにも，比較的本人の心身状態に余裕がある段階からショートステイを利用して，施設に慣れておくという方法です。この方法は，職員にとっても，利用者の臨床上のデータが蓄積されるため，後々のサービス提供が行いやすいというメリットがあります。

　もう1つは，将来的に特養などの施設入所を考えている人が，ショートステイを利用することで施設の雰囲気を感じとる場合です。ショートステイと特養では，入所期間に違いがあり，厳密な比較はできません。それでも実際に施設（ショートステイ）を利用することで，単に施設見学をしただけでは分からない情報が得られるメリットがあります。こうした体験結果が，特養などへの入所申し込みの判断材料となることもあります。

　このように，事前にショートステイを利用しておくことが，その後のショートステイ利用や特養入所をスムーズにすることに役立つことがあります。「体験的利用」も，ショートステイにおける重要な役割の1つと言えます。

＊　＊　＊

　以上，ショートステイの7つの役割について説明してきました。ショートステイの利用動機は，家族の意向が強く反映されると言われます。ショートステイの利用動機に関する調査結果をみると，家族の意向が上位にきていることは事実です。しかし，ここでみたように，ショートステイには利用者本人にとってのメリットも存在するのです。またショートステイは，制度の隙間を埋める役割も担っていることが分かります。このように，ショートステイにはさまざまな役割があることを，施設の職員およびショートステイを紹介する立場にあるケアマネジャーは，理解しておく必要があると言えます。

Column コーヒーブレイク ①「ロングショートステイ」の落とし穴

　昨今,「ロングショートステイ」という言葉をよく耳にします。もちろん「ロングショートステイ」という正式な用語はありません。

　これは, ショートステイを「30日間」目一杯利用し, 1日分を自費扱いにして（またはいったん退所して）, 再び翌月「30日間」利用するということを繰り返していくショートステイの利用方法のことを指しています。1日分を自費扱いにしているため, ルール違反にはなりません。ただし, 支給限度額の半数以上を超えてくるため, この点がやや問題となります。管轄する保険者によって見解は異なるようですが, ケアマネジャーが「理由」を申請する必要がある地域もあります。

　「ロングショートステイ」を行っている施設は, その理由として, ①安定した稼働率を維持するため, ②入退所業務の煩雑さを減らすため, を挙げることが多いようです。②については, 入退所の回数が少なくなる分, 確かに軽減できると言えるでしょう。

　では, ①はどうでしょうか。「ロングショートステイ」を稼働率安定の方法として考えるには, 危険性が伴います。「ロングショートステイ」の利用者が, 入院などでキャンセルをした場合, 大幅な「空き」が出てしまうからです。数カ月単位のキャンセルになることも多いので, この「空き」を埋めることは容易ではありません。

　筆者の経験では, 稼働率の維持・向上には, 実利用者数を増やすことが第一と考えています。実利用者が多い場合, 予約管理の仕事は, まるでレンガを積み重ねるような作業で, 予約担当者の業務は煩雑になります。その一方で, キャンセルが出ても小さなダメージで済むというメリットがあり, 稼働率は大きく左右されません。また, 実利用者数が多いことで, 急な延長利用の依頼（退所日を少し遅らせてほしい, 少し早めに入所させてほしいなど）も増え, そうした依頼が「空き」ベッドを確実に埋めていくことになります。稼働率の維持・向上を下支えしていると言えます。

　最初にも述べたように, 実利用者が多い場合, 入退所の業務の煩雑さは否めません。しかし, キャンセルが出ても影響が少なくて済み, 結果的に稼働率の維持・向上につながっている事実を忘れてはいけないのです。

※厚生労働省の第115回介護給付費分科会（2014年11月19日）によると, 2015年度介護報酬改定に向け,「連続30日以上利用した場合」の基本報酬を引き下げるという方向性が示されました。

3．ショートステイの構造的課題

　前節ではショートステイに求められる役割，いわば長所（メリット）を中心にみてきました。それに対し本節では，ショートステイの構造的な課題について取り上げます。

　ショートステイには，実践面，運営面でさまざまな課題があると言われます。例えば，忘れ物が多い，苦情・クレームが多い，職員の負担が大きいなども課題に含まれます。しかし，ここでいう構造的な課題とは，ショートステイのサービス特性上，避けて通ることはできない課題を指しています。ショートステイに携わる職員としては，こうした特性を理解しておくことも重要です。筆者は，次の3つの課題があると考えています。それは，リロケーションダメージ，レスパイトケアの二重性，不定期的な利用形態，です。

1）リロケーションダメージ

　リロケーション（relocation）とは，「新しい場所への移動」のことです。つまり，「リロケーションダメージ」とは，要介護者が，転居，入退院，施設の入退所を繰り返すことで，それをきっかけに行動障害や身体症状が出現することを言います。ひと言で言えば，生活の場が変わることによる悪影響のことを指しています。

　ショートステイは，短期間で自宅と施設を往来するというサービス形態であるため，リロケーションダメージが生じやすい傾向があります。例えば，自宅では健康状態は悪くなかったのに，施設到着後に発熱症状がみられる人，自宅では認知症のBPSD（行動・心理症状）はほとんどみられないのに，施設に滞在している間，帰宅願望や徘徊といった症状が顕著にみられる人など，出現する症状はさまざまです。もちろん，特養の新規入所者にもリロケーションダメージはみられます。しかし，期間を経れば，症状がおさまってくる場合が多いようです。あるいは，完全に症状は消失しないまでも，程度が減少していくこともあります。利用者が環境に適応してくるためと考えられます。

　それに対し，ショートステイは施設での滞在期間が短いため，ようやく環境に適応しても，再び自宅に戻ることになります。利用者の立場からすると，環境に適応することが難しい状況に置かれていると言えます。

　自宅と施設を短期間で往来するショートステイのサービス形態，これ自体を，ど

うにかすることはできません。そのため、ショートステイの職員は、リロケーションダメージを理解し、それを少しでも和らげるように配慮していく必要があります。逆に言えば、リロケーションダメージ（例えば、急な発熱、帰宅願望、徘徊など）が生じたからと言って、利用者や家族を責めるようなことがあってはなりません。冷静かつ包容力ある態度で、利用者や家族と接していくことが重要です。

2）レスパイトケアの二重性

　前節では、ショートステイの代表的な役割の1つとしてレスパイトケアがあると説明しました。在宅で介護を続けている家族がゆっくりと心身の疲れなどをとる上で、重要な役割を担っています。ところが、レスパイトケアには次のような見解がみられます。

　「利益を受ける利用者は、親・家族であるが、介護を直接受けるのは、障害児（者）であるという二重性がある」（廣瀬、1992）

　ショートステイの利用動機の多くは、家族の意向にあると言われます。つまり、本人が主体的に利用している場合だけではないということです。中には、家族のことを慮って「仕方なし」に利用している人がいることも事実です。

　筆者が経験した事例（第5章で詳しく取り上げます）を紹介します。利用者が「早く家に帰りたい」と利用中に何度も訴えてこられました。そのため、家族に利用者の意向を伝え、利用期間の調整を提案したところ、家族からは「自宅にいると本人と家族の関係があまり良くないので、支給限度額の許す限り、ショートステイを利用していきたい」と返事がありました。利用者は短い利用期間を望んでいるのに対し、家族はなるべく長い期間を希望しているパターンです。この事例からは、利用者と家族のニーズに相違がみられることが分かります。ショートステイの利用動機が、家族側の理由にあることが多いためです。

　ただし、こうした事例でも、時間をかけてじっくり調整していくと、徐々に両者の溝が狭くなり、ニーズの相違が解消されることもあります。しかし、短期的にみれば、ニーズの相違がみられることがしばしばあります。ショートステイがレスパイトケアの役割を担う以上、「二重性」を避けて通ることはできません。そのため、両者のニーズを丁寧に汲み取り、可能な限り両者のニーズを合致させるように根気よく調整していくことが重要と言えます。

3）不定期的な利用形態

　ショートステイは，不定期的な利用形態になりやすい可能性があります。参考までに，ショートステイと他のサービスのサービス形態を比べてみましょう。

〈ショートステイと他の介護サービスとの比較〉

特別養護老人ホーム	⇒　長期入所
老人保健施設	⇒　数カ月～数年
通所介護・通所リハビリ	⇒　基本的に毎週曜日を固定した利用
訪問介護	⇒　基本的に毎週曜日を固定した利用
ショートステイ	⇒　1日～30日

　まず特養ですが，これは長期入所であり，基本的に途中退所はありません。全国的には，平均入所期間は約4年と言われています[*2]。老健は，数カ月から数年の単位での入所期間となります。特養より短いとはいえ，数カ月単位でまとまった期間入所することが可能です。通所介護や通所リハビリは，日帰りサービスです。その意味では，ショートステイより施設での滞在時間は短いですが，基本的に曜日を固定した利用ですので，定期的な利用形態と言えます。

　それに対し，ショートステイはどうでしょうか。ショートステイの連続して使える最長期間は30日とされています[*3]。最短は，日帰り利用，1日での利用も可能です。つまり，1日～30日という期間を，それぞれのニーズに合わせて利用することになります。

　次に，ショートステイの利用頻度についてみてみます。東京都社会福祉協議会の調査結果（**表3**）をみると，1カ月に1回程度が69.9％，次いで1カ月に2回程度が18.1％，1カ月に3回以上は5.1％となっています。このことから，ショートステイは月に何度も利用しない（できない）傾向があることが分かります。その要因には，次のようなことが考えられます。家族が用事のある時のみ利用したいという場合，家族が体調を崩した時のみ利用したい場合，また，利用者本人が利用に前向きでない場合も考えられます。さらに，地域にショートステイの施設数が少なく，予約がなかなかとれなくて，利用頻度が少なくなってしまうこともあり得ます。

　ここまでをまとめると，ショートステイの利用期間は長短さまざまで，なおかつ，

[*2]　厚生労働省「社会保障審議会介護保険部会（第48回）資料2」を参照。
[*3]　「指定居宅サービスに要する費用の額に関する基準」（平成12年2月10日厚生省告示19号）別表　短期入所生活介護イ11，及び「訪問通所サービス及び短期入所サービスの支給限度額の一本化に係るQ＆A（質問と答え）」（平成13年8月29日付け厚生労働省老健局事務連絡）を参照。

表3　ショートステイの利用頻度

1カ月に1回程度	69.9%
1カ月に2回程度	18.1%
1カ月に3回以上	5.1%
2カ月に1回程度	3.2%
3～4カ月に1回程度	3.2%
半年に1回程度	0.4%
1年に1回程度	0.1%
合計	100.0%

東社協センター部会：ショートステイから見える在宅福祉・介護保険の今，P.41，東京都社会福祉協議会，2008．

利用頻度が他のサービスと比べ少ない傾向があることが分かります。こうしたことから，「不定期的な利用形態」になりやすいことが考えられます。

次に，職員の勤務形態との関係をみてみます。筆者の所属する施設の勤務表と，ショートステイ利用者の利用期間を照らし合わせたのが**資料**です。3日間（2泊3日）のショートステイ利用者の場合，1人の職員が日勤にあたる回数は平均1.5回（0～3回）でした。休暇や夜勤明けにあたれば，一度も利用者に接することのない職員がいることも分かりました。同じように，夜勤についても調べたところ，平均0.5回（0～2回）でした。こちらも，一度も利用者に接しない職員がいることが分かります。

例えば，新規で3日間利用した人が，翌月にリピーター（定期的に利用する人）としてショートステイを利用するとします。利用者側にすれば，「一度利用したのだから，自分のことは理解してもらえている」という心情を抱くことでしょう。しかし実際には，初めて接することになる職員がいる可能性も考えられるのです。過去の臨床データ（記録）が残っているとしても，職員は書類だけをみて，サービス提供しているわけではありません。やはり，実際に利用者に接してみて，初めて理解できることも多いのが「本音」だと思います。ショートステイの運営やサービス提供が難しいと言われる要因の1つは，「不定期的な利用形態」に職員の交代勤務が重なることにあると考えられます。ショートステイである以上，「不定期的な利用形態」を大幅に変えることは難しいでしょう。そのため，職員間の連携，施設内での徹底した情報共有が重要となります。

4．ショートステイにおけるサービス提供の方向性

ショートステイも他の介護サービスと同じく，個別援助計画に則ったサービス提

資料　定員30人規模の職員勤務表のシミュレーション

	月	火	水	木	金	土
職員①	休			準	深	休
職員②		深	休		休	
職員③	休				休	
職員④	準	休		深	休	
職員⑤	深		準	休		
職員⑥			深	休		準
職員⑦		休			準	休
職員⑧		準	休			深
職員⑨（夜勤なし）		休				
職員⑩（夜勤なし）	休		休			休
職員⑪（夜勤なし）					休	休

空白＝日勤（早出・遅出含む）
休＝休日
準＝準夜勤
深＝深夜勤

	月	火	水	木	金	土
利用者A	1日目	2日目	3日目			
利用者B			1日目	2日目	3日目	

利用者A：3日間（2泊3日）
利用者B：3日間（2泊3日）

利用者Aに対する勤務回数

	日勤回数	夜勤回数
職員①	2回	0回
職員②	1回	1回
職員③	2回	0回
職員④	1回	1回
職員⑤	1回	2回
職員⑥	2回	1回
職員⑦	2回	0回
職員⑧	1回	1回
職員⑨（夜勤なし）	2回	0回
職員⑩（夜勤なし）	1回	0回
職員⑪（夜勤なし）	3回	0回

利用者Bに対する勤務回数

	日勤回数	夜勤回数
職員①	0回	2回
職員②	2回	0回
職員③	2回	0回
職員④	1回	1回
職員⑤	2回	0回
職員⑥	1回	1回
職員⑦	1回	1回
職員⑧	2回	1回
職員⑨（夜勤なし）	3回	0回
職員⑩（夜勤なし）	2回	0回
職員⑪（夜勤なし）	1回	0回

供を行う必要があります。ショートステイにおけるサービス提供の方向性（基本方針）について法令を再掲します。

〈短期入所生活介護の基本方針〉
　指定居宅サービスに該当する短期入所生活介護の事業は，要介護状態となった場合においても，その利用者が可能な限りその居宅において，その有する能力に応じ自立した日常生活を営むことができるよう，入浴，排せつ，食事等の介護その他の日常生活上の世話及び機能訓練を行うことにより，利用者の心身の機能の維持並びに利用者の家族の身体的及び精神的負担の軽減を図るものでなければならない。

（指定居宅サービス等の人員，設備及び運営に関する基準　第120条）

特に下線を引いた部分が，サービス提供の方向性に該当する部分です。では，この2点について，より具体的な角度から検討していきます。

1）入所時と同じレベルでの退所

　まずは，「利用者の心身の機能の維持」について説明します。法令には，心身の機能の「維持」と書かれています。ちなみに，通所リハビリ，訪問看護，訪問リハビリの法令における基本方針には，「維持回復」と書かれています。ショートステイには「回復」が書かれておらず，あくまでも「維持」であることが分かります。これを言い換えると，「入所時と同じレベルでの退所」と解釈することができます。もちろんこれは，最低限の目標であり，利用者のレベルが「回復」することを否定しているわけではありません。

　しかし筆者は，次のような事例に遭遇したことがあります。ショートステイを利用することでADLが向上した事例です。それに対し，その家族から「（本人が）元気になったら，家で動き回ることが多くなり，転倒の危険が増えて困る」という苦情を受けました。利用者のことだけを考えると，心身機能が良くなることは悪いことではありません。しかし，ショートステイは在宅介護の支援が前提にあるので，家族の意向を無視してサービス提供を行えば，本末転倒になる危険性があります（**図1**）。この事例の場合でも，例えば，個別援助計画書にADLの回復に向けた支援を行うことを記載し，それに家族が同意していれば，苦情にならなかったかもしれません。その意味でも，基本方針にある「維持」という点は重要なポイントと言えます。

　とは言え，ショートステイで利用者の心身機能を「維持」することは，簡単なことではありません。前述したように，ショートステイには，いくつかの構造的課題が立ちはだかっており，それを乗り越えていく必要があるからです。漠然とサービス提供を行っていれば，ADLが低下する可能性もあります。このような状況の中，「入所時と同じレベルでの退所」を実現することは，高度なスキルが求められると言えます。

2）契約期間（予約期間）の遵守

　次に，「家族の身体的及び精神的負担の軽減」についてみてみます。ちなみに，基本方針の中で「家族」のことに言及があるのは，他に通所介護と短期入所療養介

図1　家族の求める利用者の心身の機能の維持

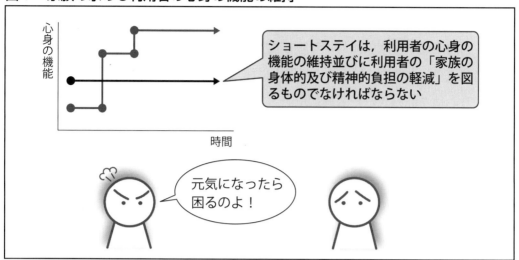

護だけです。では，「家族の身体的及び精神的負担の軽減」とは，具体的にどのようなことを指すのでしょうか。なぜなら，施設の職員（特に介護職員，看護職員）が家族に接するのは入退所の時くらいで，実際には利用者本人とのかかわりが中心となるからです。

　筆者は，「契約期間（予約期間）の遵守」が重要と考えています。家族にとってのショートステイの役割としては，「介護の代替」と「レスパイトケア」があると前節で述べました。例えば，1週間の利用予定の人が，何らかの事情により，3日間で自宅に帰ってきたとします。つまり，契約期間の途中で帰ってきた場合です。「介護の代替」を目的にショートステイを利用していた人にすれば，家族は当初の予定を変更することを余儀なくされます。また，「レスパイトケア」として利用していた人にすれば，急な帰宅は，家族のストレスを増大させることにもつながりかねません。

　その意味でも，感染症や入院治療の必要な状態といった特別な事情がない限り，契約期間の途中で帰宅することは，好ましいことではないと考えます。例えば，認知症のBPSD（行動・心理症状）が顕著にみられ，集団生活に問題がみられる場合なども，途中帰宅を家族に打診することがあります。しかし，こうした場合でも，とりあえず今回の利用に関しては，契約期間を遵守すべきでしょう。もしこれ以上のサービス提供が難しい場合は，次回以降の利用に反映させるのがエチケットです。家族の負担軽減を考えた時，いったん利用してからの利用期間の変更は，極力避けるべきと考えます。

3）呼び出し・連絡の配慮

　「家族の身体的及び精神的負担の軽減」について，もう1つ押さえるべき内容として，利用期間中の家族に対する呼び出しや連絡には配慮が必要です。

　筆者は以前，「ショートステイ利用中に施設から電話がかかってくるとドキッとする」と心情を吐露された家族に出会ったことがあります。また，ショートステイ利用中にもかかわらず，「夜間にゆっくり休めない」という家族もいました。理由をたずねると，「いつ施設から電話がかかってくるか分からないから」ということでした。家族の立場からすれば，職員が考えている以上に，ショートステイを利用している間であっても，常に要介護の家族（利用者）のことが頭から離れないことが分かります。

　もちろん，事故や入院治療が必要な場合は，家族への連絡は不可欠になるでしょう。しかし，些細な出来事や，家族への報告事項などは，利用後の「事後対応」でも問題ないことが大半です。家族の介護負担の軽減（レスパイトケア）を考えると，ショートステイ利用中の呼び出しや連絡は，内容を吟味した上で，慎重に行う必要があると言えます。

Column コーヒーブレイク ②「日帰りショートステイ」とは

　ショートステイは，基本的に宿泊を伴うサービスですが，「宿泊を伴わない」利用方法もあります。つまり，1日間（日中だけ）の利用です。これを，「日帰りショートステイ」と呼ぶことがあります。

　ショートステイの利用期間は，1日～30日とされているので，ルール上1日間の利用も特に問題ありません。ただし，厚生労働省の「介護サービスＱ＆Ａ」によると，「緊急の場合」や「他のサービスを利用できない場合」に認められる方法とされています。また，日帰りで利用する場合でも，居室を用意する必要があります。居室を用意せず，デイルームや喫茶室で過ごしてもらうだけでは不適切と言えます。

　筆者の経験した事例を紹介します。アルツハイマー型認知症の男性で，徘徊，昼夜逆転などのBPSDが顕著にみられる人の事例です。妻と2人暮らしで，介護者である妻は，常に本人から目を離すことができず，介護負担やストレスが非常に大きいということで，ケアマネジャーからショートステイの依頼がありました。ところが，本人は自宅以外で宿泊することに強い抵抗を示します。そのため，ショートステイの日帰り利用から入ることを提案しました。日帰り利用を繰り返し，まず施設の雰囲気に慣れてもらうことに重点を置きました。次に試みたのは，施設での滞在時間を延ばすことです。当初は，15時頃に退所していましたが，徐々に帰宅の時間を遅らせていきました。こうした取り組みを通して，初回利用から2年後に，ようやく1泊（2日間）のショートステイが利用できるようになりました。

　この事例から分かることは，あくまでもショートステイが利用できるようになることに目的を置いているので，日帰りだからといって，デイサービスを利用していては意味をなさないことです。こうした目的で利用される時に，「日帰りショートステイ」の存在意義があると言えます。

　「ロングショートステイ」のコラム（P.14）でも触れましたが，稼働率の向上だけを目的に，利用者に「日帰りショートステイ」を勧めることは好ましくありません。ショートステイは，さまざまな活用方法ができるサービスです。利用者側の利益（メリット）になることを常に考えた上で，ショートステイの機能を十分に発揮していくことが大切です。

5．ショートステイに携わる各職種の役割

ショートステイには法令[*4]上，次の職種を配置することが規定されています。医師，生活相談員，介護職員，看護職員（看護師および准看護師），機能訓練指導員，栄養士，調理員です。ここでは特に，生活相談員，介護職員，看護職員の3つの職種に注目したいと思います。

短期入所生活介護の人員

一　医師　1人以上

二　生活相談員

　　常勤換算方法で，利用者の数が100またはその端数を増すごとに1人以上

三　介護職員または看護師若しくは准看護師

　　常勤換算方法で，利用者の数が3またはその端数を増すごとに1人以上

四　栄養士　1人以上

五　機能訓練指導員　1人以上

六　調理員その他の従業者　当該指定短期入所生活介護事業所の実情に応じた適当数

※指定居宅サービス等の事業の人員，設備及び運営に関する基準（平成十一年三月三十一日厚生省令第三十七号）第121条

1）生活相談員の役割

生活相談員は，ソーシャルワークを中心に担う職種です。ただし，ソーシャルワークだけを行うのではなく，その他の業務も担っていることが調査結果からも分かります（口村，2013）。

ショートステイにおける生活相談員の具体的な業務のノウハウについては，第2章で詳しくみていくことにしますが，ここでは，大きな意味でショートステイの生活相談員の役割についてみていきます。ショートステイの生活相談員は，次の3つの役割を担っていると考えます。

ショートステイの生活相談員の役割
①ゲートキーパー　　②サービス内容のチェック　　③問題解決の担当

[*4]　「指定居宅サービス等の事業の人員，設備及び運営に関する基準」（平成11年3月31日厚生省令第37号）121条（従業者の員数）を参照。

図2　初回利用時の入所判定に至るショートステイと特養との比較

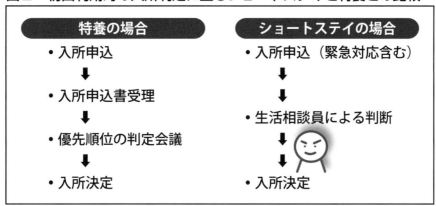

①ゲートキーパー

　ゲートキーパーとは，「門番」のことです。生活相談員は施設の窓口的存在であり，利用者や家族，あるいはケアマネジャーからの相談を最初に受ける立場にあります。

　施設を初めて利用する場合について，ショートステイと特養を比較してみます（**図2**）。特養では入所申込書を受理し，優先順位を割り出し，上位の人を判定会議にはかった上で，最終的に入所が決定するというプロセスがあります。それに対しショートステイでは，入退所の回転が速いことや，緊急的な対応が求められることも多いため，窓口担当である生活相談員が利用の可否を判断していくことが現実的です。施設の対応可能なレベル（キャパシティー）と利用者のニーズが合致しているかを判断し，実際のサービス利用につなげていくことになります。ショートステイのサービスの特性上，生活相談員は「ゲートキーパー」としての役割を担う立場にあると言えます。

②サービス内容のチェック

　生活相談員は，利用者や家族からオーダーされたサービス内容（個別希望や個別ニーズ）が，施設内で予定どおり実施されているかチェックする役割を担います。

　ショートステイの利用期間は，おおむね短期間です。一方，介護職員や看護職員は交代勤務となります。そのため，利用者とかかわる機会も断続的となり，利用者の理解や把握が難しくなる傾向があることは，ショートステイの構造的課題の項目でも述べました。その意味でも，利用者や家族がオーダーしたサービス内容が，施設の中で予定どおり行われているかをチェックする役割が大切となります。

　生活相談員は，基本的には直接的な援助（介護業務など）を行わない職種です。一方，日勤中心で勤務しているメリットを活かし，サービス提供の内容をチェック

することには適しています。例えば，食事形態，入浴の回数や曜日，機能訓練の内容，居室環境などのチェック項目が挙げられます。第三者的な視点で，施設で提供されるサービス内容をチェックする役割は重要と言えます。

③問題解決の担当

これは，サービス提供を行う上で発生した問題（トラブル）を解決する役割です。この役割は，ソーシャルワークが問題解決を扱う実践であることからも，当然，生活相談員に関係してくる内容とも言えます。

例えば，苦情やクレーム，過度な個別要望，持参品の紛失，介護事故，他利用者とのトラブル，現場職員と家族の意見の齟齬などが問題として挙げられます。先ほども述べたように，現場の職員（介護職員，看護職員）は交代勤務であることが多く，問題が発生したとしても，迅速かつ継続的に問題解決にかかわることが難しい立場にあります。その意味でも，比較的自由に動ける立場にあり，なおかつ，利用者や家族の家庭での背景を把握している生活相談員が，問題解決を率先していく必要があります。

問題解決の仕事は容易ではありませんが，この役割がないと，ショートステイの運営自体が円滑に進まない可能性も考えられます。また，問題解決の帰結は，施設全体の評判にもかかわるものであり，それを維持していくという意味でも，重要な役割と言えます。

2）介護職員の役割

介護職員（ケアワーカー）は，利用者の日常生活上の介護全般を担当する職種です。この点については，特養などの施設の介護職員と変わりありません。ここでは，ショートステイの介護職員として，特に重要と思われる点について述べます。

> ショートステイの介護職員の役割
> 日常生活の介護のほか
> ①所持品のチェック　　②介護の助言・提案　　③相談

①所持品のチェック

利用者がショートステイに持参する衣類などをチェックする業務です。所持品のチェックは，法令に規定されているわけではないため，どの職種が行っても構いません。一般的に，利用者に最も身近な立場にある介護職員が行うことが多いようです。利用者が自分で所持品を管理できる場合は，特に問題ありませんが，管理が難

しい場合には，職員の介助（チェック）が必要となります。所持品チェックの目的は，入所時に持参した物品が，退所時に漏れなく返却されるということにあります。

　ショートステイでは，忘れ物や紛失物が多いと言われます。そのためにも，しっかりとしたチェックが必要になりますが，持参品が多い場合などは，業務が煩雑になりかねません。また，衣類の色を言葉で表すのが難しいこともあります。こうした場合，デジタルカメラで撮影し，文章化を省略するなど，可能な限り業務の効率化を行うことも必要です。また，いくらチェックをしっかり行っても，忘れ物がゼロになることはありません。利用者自身が，荷物チェックの後に，物品を出し入れし，どこかに置き忘れることもあるからです。こうした場合に備え，忘れ物の返却方法はどうするかなど，事後対応についても取り決めておくことが，所持品チェック担当者の負担を軽減することにもなります。

②介護の助言・提案

　これは，家族に対する介護方法の助言や提案を指しています。家族は介護のプロではないため，中には「我流」で介護を行っているケースも散見されます。そのこと自体は否定すべきではありませんが，より効率的で効果的な介護方法を，家族に対して助言をすることも大切な役割です。

　方法として2つのパターンが考えられます。1つは，退所時の手紙（連絡帳）などを活用した，書面上での助言です。多くの施設が，退所時に家族宛に手紙（状態などを報告する内容）を作成していることでしょう。それを活用し，文書による介護方法の提案などを行うことも1つの方法と言えます。ただし，その際には，家族の介護方法を認めた上で，柔らかい文章表現を心がけることが大切です。決して高圧的になってはいけません。

　もう1つは，入退所や送迎の際，家族に出会う機会を利用して，実際に介護内容の助言や提案を行う方法です。ショートステイで送迎を行う職員は，送迎専門の職員（送迎の時間帯のみに出勤する人もいる）や生活相談員が行う場合が多いと言われます。介護の助言が必要な場合，送迎に同行し，家族に会って直接説明することも1つの方法です。限られた人員の中で，こうした方法をとることは容易ではありませんが，介護職員が直接家族に助言した方がよい場合では，率先して送迎に同行することも必要です。

③相談

　意外と思われるかもしれませんが，利用者の相談に乗って差し上げることです。

相談と言えば、生活相談員の業務と思われますが、実は、利用者から最も近い立場にある介護職員の方が、「相談」を受けている機会は多いのです。

また、人員配置基準の点でも、生活相談員は施設に1～2人程度しか配置されていないため、施設内での利用者のすべての相談に対応することは難しいと言えます。その点、介護職員は日常生活のお世話を行っているため、利用者からの相談を受けることは自然なことです。

その際、「聞くだけ」で解決する内容と、「聞くだけ」では解決しない内容があります。「聞くだけ」とは、利用者の話に耳を傾けることで、利用者側の気持ちがおさまるような内容のことです。一方、介護職員だけで解決するのが難しい場合は、生活相談員などにつなげる必要があります。介護職員には、利用者の身近な相談相手になりながら、その内容を適切に処理する能力が求められます。

3) 看護職員の役割

ショートステイの看護職員に関する業務としては、法令上に記載されている「健康管理」と「緊急時等の対応」が主に該当します[*5]。

「健康管理」とは、「常に利用者の健康の状況に注意するとともに、健康保持のための適切な措置」と記載されています。これは疾病や創傷の治癒を主目的とするよりは、自宅で行われている健康管理の内容を継続して行うことが中心となります。

「緊急時等の対応」とは、利用者の体調が急変した際に、迅速かつ適切な措置をとることを指しています。具体的には、協力医療機関や主治医と連携をとり、搬送・受診につなげることを意味しています。こうした法令上の業務のほか、ショートステイの看護職員に期待される役割として次の内容が考えられます。

> **ショートステイの看護職員の役割**
> 「健康管理」「緊急時等の対応」のほか
> ①持参薬の管理　　②判定・許可　　③助言・指導

①持参薬の管理

利用者が持参する薬を整理し、管理することは看護職員の役割です。ショートステイでは、薬剤師の配置はないため、看護職員がこの役割を担うことが妥当と考え

[*5] 「指定居宅サービス等の事業の人員、設備及び運営に関する基準」（平成11年3月31日厚生省令第37号）133条、136条を参照。

られます。

　独居や高齢者世帯の利用者は，しっかりと薬を管理できていない場合が散見されます。例えば，利用期間に対して薬の数が足りないことや，内容が不明な薬が発覚することもあります。こうした混乱した状況を整理し，決められた時間に内服してもらうことは，利用者の生活リズムを整える上では欠かせません。もちろん，施設の看護職員にできる範囲は限られています。しかし，疑問点や問題を発見し，それを主治医や訪問看護師などの専門職につなげることは重要な役割と言えます。

②**判定・許可**

　ショートステイの利用可否の判定や許可する役割のことです。先ほど，施設の「ゲートキーパー」は生活相談員であることを述べましたが，医療依存度の高い利用者の受け入れに関しては，生活相談員だけの判断では難しい場合があります。

　近年，医療依存度の高い人のショートステイ利用のニーズは高まっています。しかし，施設で対応できる医療行為は限られており，受け入れが制限される場合もあります。医療依存度の高い人のショートステイ受け入れについて，生活相談員が看護職員に利用可否の相談をした際，看護職員が「NO」と言えば，それ以上話を進めることは難しいでしょう。逆に言えば，その施設の看護職員の豊富な経験や前向きな姿勢によって，医療依存度の高い人を受け入れる範囲もかなり違ってきます。ショートステイの看護職員は，特に医療依存度の高い利用者の利用可否の判定にかかわる重要な役割を担っていると言えます。

③**助言・指導**

　帰宅後の家族に対する医療面での助言や指導のことです。ショートステイ利用中には，急変時を除き，医療機関を受診することは少ないと言えます。しかし，利用中に皮膚トラブルや内科受診のニーズが発見されるのは，よくあることです。こうした場合，帰宅してから近いうちに受診をする必要があります。看護職員は家族（場合によってケアマネジャー）に連絡をとり，利用後の受診の必要性を助言することも大切な役割です。

　前述したように，ショートステイには利用者に関する情報収集や評価といった役割があります。そのため，利用中に医療面に関するニーズが発見されることも少なくありません。在宅で介護をする家族に対し，利用者の医療面の助言や指導を行うことは，ショートステイでの看護職員の役割の1つと言えます。

Column コーヒーブレイク ③「緊急ショートステイ」とは

　ケアマネジャーがショートステイに対する要望として，最も多いのが「緊急時の受け入れ」と言われます。一方，施設側からすると，「緊急ショートステイ」というだけで，職員は「ドキッ」とすることがあるのは事実です。それだけ，労力が求められるとも言えます。

　緊急ショートステイには，次の2種類があります。1つは，リピーター（定期的に利用している人）が利用する場合，もう1つは，新規の人が利用する場合です。リピーターが緊急利用する場合，状態把握は日頃からできているため，あとは部屋の「空き」さえ確認すれば済みます。

　大変に感じるのは，新規の緊急利用の場合です。しかし筆者の見解は，新規の緊急ショートステイであっても，それほど身構える必要はないと考えています。

　ケアマネジャーから緊急利用の依頼があった場合，担当者が行うことは2つです。1つは，施設の受け入れ体制を伝えること，もう1つは，部屋の「空き」情報を伝えることです。緊急利用の依頼の電話が入った時点で，利用者の状態を細かく聞き取るのではなく，施設の対応可能なレベル（例えば，胃ろうの人は受け入れていないなど）を伝えるだけでよいのです。次に，どの部屋が何日分空いているかを相手方に伝えることです。それに対し，利用するか否かは相手方の判断にゆだねます。条件が合わずに，利用に至らない場合も結構あります。あとは，実際に利用することが決まってから動けばよいのです。

　緊急ショートステイは，予約による利用（通常のショートステイ）に比べ，職員にとっても緊張の度合いが高いことは事実です。しかし，緊急的な利用はショートステイの重要な役割の1つです。緊急利用の依頼であっても，可能な限り対応することで，地域住民が安心して暮らせることに貢献していると言えます。

※厚生労働省の第115回介護給付費分科会（2014年11月19日）によると，2015年度介護報酬改定に向け，緊急時の受け入れを後押しするため，現行の加算の要件を緩和することや，専用居室以外の静養室での受け入れを条件付きで容認するという方向性が示されました。

第1章のまとめ

◎**ショートステイの7つの役割**
　①介護の代替
　②レスパイトケア
　③専門的サービスの提供
　④社会参加の機会
　⑤利用者の情報収集・評価
　⑥モラトリアム的利用
　⑦体験的利用

◎**ショートステイの構造的課題**
　①リロケーションダメージ
　②レスパイトケアの二重性
　③不定期的な利用形態

◎**ショートステイにおけるサービス提供の方向性**
　①入所時と同じレベルでの退所
　②契約期間（予約期間）の遵守
　③家族に対する呼び出し・連絡の配慮

◎**生活相談員に求められる役割**
　①ゲートキーパー
　②サービス内容のチェック
　③問題解決の担当

◎**介護職員に求められる役割（日常生活介護以外）**
　①所持品のチェック
　②介護の助言・提案
　③利用者の相談

◎**看護職員に求められる役割（健康管理・緊急対応以外）**
　①持参薬の管理
　②利用に関する判定・許可
　③利用者・家族への助言・指導

第 2 章
ショートステイにおける相談援助の視点とスキル

1. ショートステイにおける生活相談員の悩み

　この章では、主に生活相談員の業務に焦点を当て、ショートステイにおける相談援助（ソーシャルワーク）の視点やスキルについて解説します。

　しかしその前に、ショートステイの生活相談員が抱えている「悩みや困っていること」について取り上げたいと思います。その理由は、生活相談員が直面している問題や乗り越えるべき課題がみえてくるからです。

　筆者は2010年に、ショートステイ担当の生活相談員の「悩みや困っていること」についてアンケート調査を行いました（口村，2011）。生活相談員を対象に、自由記述の形式で「悩みや困っていること」を記載してもらいました。その内容を分析したところ、「業務量の多さ」「役割が不明確」「利用者対応の困難」「職員間の連携に問題」「兼務による負担」という内容が上位に浮上してきました。

1）業務量の多さ

　「ケアプラン作成業務のほか、施設の運営管理にも携わっており、業務が多岐にわたり、量も多い」「実績管理、請求業務、送迎も行っており、業務量が多すぎる」「ショートステイにおけるすべての業務を１人で担っている。（予約，送迎，契約，請求など）業務量がとても多い上に、すべての責任を負っているというプレッシャーがある」という回答がみられました。

　生活相談員として、利用者や家族への相談援助を行うことは理解できます。それに関連し、施設内外の関係者と調整を図ることも相談援助業務の一環と言えます。しかし、上記の意見からは、相談援助業務以外にも、施設全体のマネジメント業務、月末の実績管理や請求業務、送迎サービスの運転なども行っており、その内容は多岐に及んでいることが分かります。

　生活相談員が、広範な業務に携わること自体が悪いということではありません。問題は、それが積み重なることで、業務量が増大し、勤務時間を圧迫することにあります。あるいは、本来の業務に手が回らないこともあるでしょう。こうした状況に対し、残業をして対処している場合も考えられます。この結果、生活相談員のストレスが蓄積されることにもつながります。広範な業務にかかわることで、結果的に業務量が多くなってしまう現状に、ショートステイの生活相談員は「悩み」を抱えていることが理解できます。

2）役割が不明確

「施設の中で相談員の役割がはっきり決まっていない」「相談員業務の領域があいまいであり，看護師，介護主任，ケアマネジャーなど，すべての要素を含んでいる」「他の職員からは，"何でも屋"のように思われており，ややこしい仕事はすぐに相談員に回ってくる」といった回答がみられました。

業務内容と職種の関係は，法令（指定居宅サービス等の事業の人員，設備及び運営に関する基準）に規定されているわけではありません。法令には，「介護」「健康管理」「機能訓練」「相談および援助」などの項目は記載されていますが，職種との関係については触れられていません。一般的に，「介護」は介護職員，「健康管理」は看護職員，「機能訓練」は機能訓練指導員が中心となって行う傾向があります。言い換えれば，介護職員，看護職員などは，核となる業務が明確であると言えます。

それに対し，生活相談員業務の核と言われれば，「相談および援助」が浮かび上がりますが，実際にはそれだけではありません。施設（ショートステイ）には，予約調整，苦情対応，送迎，他機関との連携，個別援助計画の作成，受診の付き添いなど，さまざまな業務が存在します。施設での業務分掌がしっかりしている場合は，それほど問題ないでしょう。しかし，職種と業務内容の関係があいまいであると，さまざまな種類の業務が生活相談員に回ってくる可能性が考えられます。職種としての役割が不明確であることが，ショートステイの生活相談員の「悩み」となっていることが理解できます。

3）利用者・家族対応の難しさ

「家族が施設に対し無理難題を訴えてくることがあり，対応に困っている」「利用者が施設の環境に適応することが難しく，どのように支援すればよいのか途方に暮れている」「利用者，その家族への対応は，やはり難しいと感じている。説明を尽くしているつもりでも，そのように受け止めてもらえず，悩むことがある」といった回答がみられました。

第1章で述べたように，ショートステイは構造的な課題（リロケーションダメージ，レスパイトケアの二重性，不定期的な利用形態）を抱えています。そのため，ショートステイにおけるサービス提供は，他の介護サービスと比べて，より複雑で困難となる傾向があります。また，在宅介護を支援する役割を持つショートステイでは，なるべく家庭での介護に配慮しながら，施設でのサービス提供を行う必要が

あります。そのため，利用者や家族の希望を聞きながら，施設での支援内容を工夫していくことになります。

しかし最近は，過度な要望のみられる利用者や家族が増えてきたこともあり，施設として対応の限界を感じている生活相談員がいることも事実です。こうした利用者・家族への対応の難しさに，ショートステイの生活相談員が「悩み」を抱えていることが理解できます。

4）職種間の連携に問題

「現場のケアワーカーが行った方がよい内容でも，現場は自分たちの仕事ではないと考えている部分がある」「新規利用者を受け入れる時，看護師の許可が得られずに，調整に苦慮することがある」「援助が難しい利用者を受け入れると，現場の職員から反発されることがある」といった回答がみられました。

生活相談員は，施設の窓口的な立場にあり，在宅介護で困っている利用者や家族に「近い」位置にいます。そのため生活相談員としては，困っている利用者を何とか施設で受け入れ，在宅介護の支援に向けて貢献したいと考えます。その一方で，現場の職員（介護職員，看護職員など）は，そうした利用者や家族の実情から必ずしも「近い」位置にいるとは限りません。施設内での業務が忙しく，常に複数の利用者へのサービス提供を視野に入れる必要があり，新規利用者や支援が難しいとされる利用者の受け入れには，あまり積極的な気持ちになれないのが本音かもしれません。

このように生活相談員と現場職員の間には，ショートステイ利用者の受け入れに対する「温度差」があり，これが職種間連携に何らかの影響を及ぼしている可能性は否めません。職種間連携は，入退所の回転の速いショートステイでは不可欠です。そのため，施設内での職種間連携に問題がある状況が，生活相談員の「悩み」の1つになっていることが理解できます。

5）兼務による負担

「相談員と介護職を兼務しており，書類作成などの時間が日中とれず，昼休みか時間外に，相談員としての仕事をしている」「特養の相談員との兼務をしており，両方をこなすのは大変」といった回答がみられました。

ショートステイの人員配置基準では，併設型施設の場合，特養とショートステイ

を合わせて定員が100人以内の場合は，生活相談員の配置は1人でよいとされています[*1]。これに関連して，厚生労働省の「平成24年介護サービス施設・事業所調査」をみると，ショートステイの生活相談員の約6割が他職との「兼務」をしていることが分かります[*2]。この調査では，「兼務」の内訳にまで言及はありませんが，おそらく，特養の生活相談員，ショートステイの介護職員，特養の施設ケアマネジャー（ショートステイでは必置ではない）との「兼務」というパターンが考えられます。

　ショートステイと特養では，その目指す目標は，大きく違います。それに伴い，利用者や家族が，施設に期待する内容も違ってきます。ショートステイでは，在宅介護を支えることに主眼が置かれ，サービス提供のプロセスで在宅と施設の「差」をなくすことが課題の1つと言われます。一方，終の棲家とも言われる特養では，看取り介護や医療機関との連携が重要な課題に挙げられます。支援する側にすれば，どちらも大きな課題です。ショートステイと特養の生活相談員の「兼務」となれば，その両方を担うことになり，業務ごとに大胆な頭の切り替えが必要となることでしょう。

　ショートステイだけでも課題は山積していますが，それに加え，他職種との兼務が，生活相談員の「悩み」に挙げられていることが理解できます。

＊　＊　＊

　以上，ショートステイの生活相談員の「悩み」の内容やその背景について述べてきました。生活相談員は各施設に少数の配置です。生活相談員が疲弊し，燃え尽きてしまえば，施設全体の運営にも支障が出てしまいます。とは言え，少数ゆえに業務内容が定まらず，本来の業務を見失うこともあるかもしれません。

　そこで本章では，ショートステイの生活相談員としてのスキルや支援の視点について説明します。

＊1　「指定居宅サービス等の事業の人員，設備及び運営に関する基準について」老企第25号（平成11年9月17日）を参照。
＊2　短期入所生活介護の生活相談員数：10,593人（専従4,260人，兼務6,068人，非常勤265人）

Column コーヒーブレイク ④「何でも屋」は悪いこと？

　コンシェルジュ（concierge）という仕事があります。最近よく耳にする言葉ですが，もともとはホテルにおける職域の１つです。日本人初のコンシェルジュの多_{おお}桃子さんは，次のように述べています。

　「コンシェルジュとは，ホテルのなかにあってお客様のお世話をする『よろず承り係』で，あるときには私設秘書，看護人，ビジネスコンサルタント，旅行代理業，役者，プレイガイド，あるいは探偵まがいの人・もの探しの追跡，コーディネーター，民間外交，などなどさまざまな役割をこなします。一日として同じ日はない，というところがこの仕事のおもしろみかもしれません」

　多さんの見解を目にし，「生活相談員は『何でも屋』である」という言葉を思い浮かべました。ただし，生活相談員がいう「何でも屋」には，マイナスのイメージが含まれています。専門職としての地位を確立できていないという意味が，その言葉の裏に隠されているのです。同じ「何でも屋」でも，コンシェルジュはそれを誇りに思い，生活相談員は一段低くみていることが分かります。

　ショートステイは，在宅と施設の両方の要素を含んだサービスと言われます。普段在宅で暮らしている高齢者が，施設の集団生活にすぐに馴染めるとは限りません。こうした状況を少しでも解消するためには，利用者の個別ニーズに対応することも１つの方法です。利用者の個別ニーズに対応すると，職員からは「利用者が甘えるのでは」「毎回同じことを期待されるのでは」といった批判が出てくることも事実です。しかし，筆者の経験では，個別ニーズに対応したからといって，毎回それを期待されるようになったという事例はほとんどありません。もちろん，利用者側の要求が度を過ぎれば，お断りすることもあるでしょう。

　利用者の不安を軽減するためにも，また，サービス満足度を向上させる意味でも，生活相談員はコンシェルジュとしての役割を積極的に担うべきと考えます。こうした取り組みが，最終的には稼働率の向上につながるものと信じてやみません。

【参照】http://www.lesclefsdorjapan.com/

2．ショートステイにおける生活相談員業務

1）アンケート調査からみる生活相談員業務の実態

　生活相談員の悩みの1つに，「役割が不明確」というものがありました。特養の相談員業務については，過去にいくつもの業務調査が実施されています。それに対し，ショートステイの生活相談員については，業務の実態すら把握されていないのが現実です。

　そこで筆者は，2010年に全国のショートステイの生活相談員を対象にアンケート調査（**資料1**）を行いました（口村，2013）。それによると，次に示す業務の実施率が高いことが分かりました。

資料1　ショートステイにおける生活相談員業務の実態調査結果

【調査対象】
『平成17年介護サービス施設・事業所調査名簿』に掲載されている全国の短期入所生活介護6,216施設から，無作為抽出した500施設の生活相談員

【調査時期】　　　　　　　　　　【回収数】
2010年10月（1カ月間）　　　　253通（50.6％）

施設の基本属性			n＝253	回答者の基本属性			n＝253
事業形態	単独型	27	10.7％	性別	男性	145	57.3％
	併設型	219	86.5％		女性	108	42.7％
	不明	7	2.8％	年齢	20代	48	19.0％
居室形態	ユニット型個室	31	12.3％		30代	125	49.4％
	従来型個室	20	7.9％		40代	37	14.6％
	多床室	100	39.5％		50代以上	42	16.6％
	個室と多床室の混合	100	39.5％		不明	1	0.4％
	不明	2	0.8％	現施設における経験年数	1年未満～5年	173	68.4％
事業開始年	平成以前	31	12.3％		6～10年	57	22.5％
	平成元～5年	36	14.2％		11年以上	23	9.1％
	平成6～10年	40	15.8％	取得資格（複数選択）	社会福祉士	68	26.9％
	平成11～15年	106	41.9％		介護福祉士	147	58.1％
	平成16年～	37	14.6％		精神保健福祉士	8	3.2％
	不明	3	1.2％		介護支援専門員	124	49.0％
定員	1～5人	35	13.8％		看護師	3	1.2％
	6～10人	86	34.0％		管理栄養士	4	1.6％
	11～15人	22	8.7％		社会福祉主事	160	63.2％
	16～20人	82	32.4％		訪問介護員	56	22.1％
	21人～	25	9.9％		その他	12	4.7％
	不明	3	1.2％	現在の仕事に最もかかわりのある資格	社会福祉士	56	22.1％
					介護福祉士	42	16.6％
					介護支援専門員	74	29.2％
					社会福祉主事	72	28.5％
					その他	9	3.6％
				施設ケアマネとの兼務	している	56	22.1％
					していない	197	77.9％
				平均年齢　現施設での平均経験年数	37.6歳（22～66歳）　4.8年（2カ月～20年）		

資料1の続き

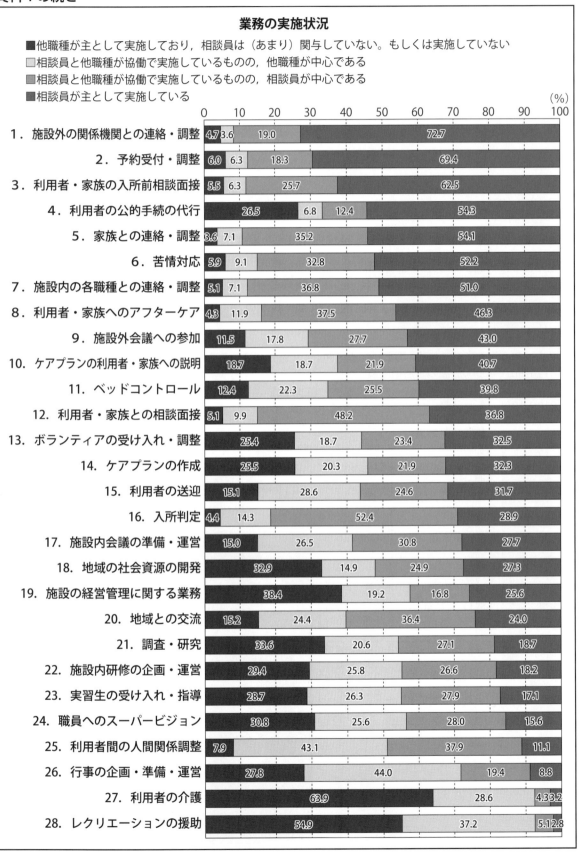

> **ショートステイ生活相談員の実施率の高い業務（口村，2013）**
> ・施設外の関係機関との連絡・調整
> ・予約受付・調整
> ・利用者・家族の入所前相談面接
> ・利用者の公的手続きの代行
> ・家族との連絡・調整
> ・苦情対応
> ・施設内の各職種との連絡・調整

　その一方で,「利用者の介護」「レクリエーションの援助」「行事の企画・準備・運営」といった項目の実施率が低い傾向にあることが分かりました。

　これらをまとめると,①連絡・調整に関する実施率が高い傾向,②相談に関する実施率が高い傾向,③介護関連の実施率が低い傾向,があることが分かります。

　①については,ショートステイは入退所の回転が速いため,それに伴う連絡・調整や事務業務が多くなることが背景にあると考えられます。②は,新規利用者の受け入れに関する相談,あるいは,苦情に関する相談などに関与することが多いことが背景にあると考えられます。③については,介護関連業務を行わないというよりは,①と②の実施割合が高いため,結果的に利用者に直接かかわる業務にまで手が回らないというのが実情であることが推測されます。

2）「利用期間中」と「利用期間外」というとらえ方

　ショートステイは,在宅と施設の両方の要素を併せ持ったサービスです。例えば,特養の生活相談員業務は,基本的には入所中のかかわりが中心となります。もちろん,入所前の業務（例えば,入所前の相談,事前面接など）や退所後の業務（例えば,退所時の引き継ぎなど）もありますが,入所期間が長いこともあり,その場合,入所中の利用者とのかかわりに重きが置かれます。

　それに対し,利用期間の短いショートステイでは,**図1～3**に示したように「利用期間中」と「利用期間外」という2つの場面で業務を理解する必要があります。「利用期間中」とは,利用者の施設の滞在中の支援です。利用者によって利用期間はさまざまですが,施設に滞在している間の利用者の相談や家族への連絡などが挙げられます。

図1　利用者の生活環境の移動と「介護者」の関係

口村淳：ショートステイにおける相談業務と記録の活用方法，支援・生活相談員，Vol.2，No.2，P.76，2011．

図2　利用期間外における相談員と他者との関係

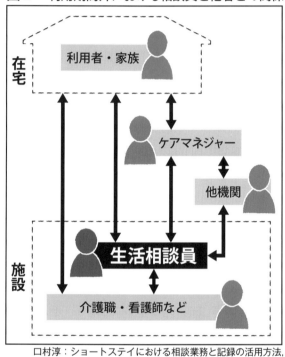

口村淳：ショートステイにおける相談業務と記録の活用方法，支援・生活相談員，Vol.2，No.2，P.77，2011．

図3　利用期間中における相談員と他者との関係

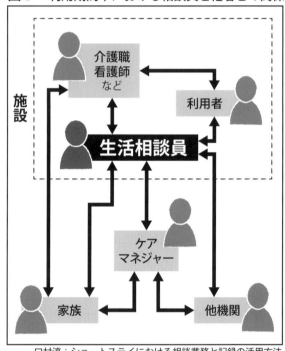

口村淳：ショートステイにおける相談業務と記録の活用方法，支援・生活相談員，Vol.2，No.2，P.77，2011．

　一方「利用期間外」は，利用者が施設に滞在していない場合の支援を指します。これには2つの場面があります。1つは「利用前」の支援，もう1つは「利用後」の支援です。まず「利用前」についてですが，利用者・家族が，ショートステイを利用するまでの支援を言います。この場面での支援目標は，利用者・家族が，できるだけ納得した形でショートステイの利用に至るように支援を行うことです。具体的な業務としては，予約受付，事前面接，情報収集などがあります。そして「利用後」とは，利用者が施設を退所した後の支援を言います。利用者の中には，1回きりの利用の人もいますが，中にはリピーター（定期的に利用する人）になる人もみ

表　当施設におけるショートステイに関する記録一覧

No.	記録名 （呼称）	内容	主な記録者					記録の頻度
			相談員	介護職	看護師	ケアマネジャー	家族	
①	予約申込用紙	予約申し込みの際に使用する				○		随時
②	予約管理台帳	3カ月先から当月までの予約を管理する際に使用する	○					随時
③	利用期間連絡票	利用期間や時間などを事前にスタッフに連絡する際に使用する	○					随時
④	送迎配車表	送迎希望者への配車状況を記録する	○					毎日
⑤	フェイスシート	相談員が利用者から聞き取った情報を基に作成する	○					主として 初回利用時
⑥	ケース記録	利用中の生活状況および援助内容を記録する	○	○	○			随時
⑦	相談員・業務日誌	相談員の業務（行動）を記録する	○					毎日
⑧	施設内連絡票	施設内で職員間の連絡や情報提供する際に使用する	○	○	○			随時
⑨	食事連絡票	食事内容をオーダーする際に使用する	○	○	○			初回利用時 および随時
⑩	利用者─施設間・連絡票	自宅での利用者の様子を家族が記入する					○	利用前日
⑪	モニタリング用・連絡票	ケアマネジャーに利用者の様子を報告する際に使用する	○					毎月
⑫	処遇検討会議・議事録	施設内の各専門職が集まりサービス内容を検討する	○	○	○			会議ごと
⑬	短期入所生活介護計画書	施設職員が作成するケアプラン		○				原則として 認定期間ごと
⑭	居宅サービス計画書	ケアマネジャーが作成するケアプラン（マスタープラン）				○		原則として 認定期間ごと
⑮	サービス担当者会議の要点	利用者および在宅サービス関係者が集まりサービス内容を検討する				○		会議ごと
⑯	介護保険事故報告書	保険者（市町村）に対する介護事故の報告書	○					事故発生後

※⑬⑭⑮⑯以外は，当施設における便宜的な名称。

口村淳：ショートステイにおける相談業務と記録の活用方法，支援・生活相談員，Vol.2，No.2，P.77，2011．

られます。次につながるということを考えると，「利用後」のかかわりも軽視できません。この場面の業務には，利用後の体調確認，要望や苦情などへの対応，ケアマネジャーへの情報提供などがあります。

このようにショートステイでは，「利用期間中」だけではなく，「利用前」や「利用後」といった「利用期間外」といった場面における支援も大切であることが理解できます。

3．ショートステイにおける記録の種類

筆者が勤める施設で使用しているショートステイに関する諸記録について，「記録名（呼称）」「内容」「主な記録者」「記録の頻度」の項目別にまとめてみました（**表**）。「主な記録者」をみても分かるように，これらの記録は相談員のみが使用するものではありません。また，用途に応じて，さまざまな様式を使用していることが分かります。

4．予約受付と調整

　先に述べたアンケート調査結果から，生活相談員の業務に「予約受付・調整」の実施率が高いことが分かりました。「予約業務」は，他の介護サービスには馴染みの少ないショートステイ独自の業務と言えるでしょう。筆者自身も「予約票」(**資料2**）や「予約管理表」(**資料3**）を現場で活用しています。

　なぜショートステイでは「予約」が必要なのでしょうか。ショートステイは，需要の高いサービスとされ，需要が供給を上回っている地域もみられます。利用者や家族が，「使いたい時」にいつでも利用できることが理想的ですが，サービス量が不足している地域では，「いつでも」というわけにはいきません。そこで，利用者・家族の希望する日程を予め押さえるという，予約の手続きが出てくるわけです。

資料2　ショートステイ予約票

〈FAX用：○○○−○○○○〉
【ご予約手順】
①FAXをされる前に，必ず部屋の空き状況を事前にご確認ください。
②本用紙をそのままFAXに流してください。（送付書不要）

ショートステイ予約票

①ご利用者名	
②要介護度	要支援1 ・ 2 ・ 要介護1 ・ 2 ・ 3 ・ 4 ・ 5
③新規・再利用 　住所（新規のみ）	
④担当ケアマネジャー	
⑤居宅介護支援事業所	
⑥利用棟	認知症対応棟 ・ 一般棟
⑦部屋	個室 ・ 多床室
⑧利用期間	／（ ）〜 ／（ ）
⑨時間	（ : ）（ : ）
⑩送迎方法	施設 ・ 家族　　施設 ・ 家族
⑪その他 　（ご要望など）	
⑫ご予約日	平成　　年　　月　　日

【ご連絡先】　TEL　○○○−○○○○　FAX　○○○−○○○○
　　　　　　担当：○○

資料3 ショートステイ予約管理表

ショートステイ予約状況（4月）一般棟（10床）

氏名	介護度	事業所	ケアマネ	性別	1金	2土	3日	4月	5火	6水	7木	8金	9土	10日	11月	12火	13水	14木	15金	16土	17日	18月	19火	20水	21木	22金	23土	24日	25月	26火	27水	28木	29金	30土
Aさん	2	X事業所	aさん	男・女																														
Bさん	3	X事業所	aさん	男・女	↓																													
Cさん	3	Y事業所	bさん	男・女					↓																									↓
Dさん	5	V事業所	cさん	男・女	↓				↑																									
Eさん(新規)	4	Z事業所	dさん	男・女															↕															
Fさん	2	Z事業所	dさん	男・女											↕																			
Pさん	3	X事業所	aさん	男・女			↑													↕														
Qさん	4	U事業所	eさん	男・女				↓																			↑							
Rさん	5	V事業所	cさん	男・女																														↑
Sさん	4	Y事業所	bさん	男・女							↓																							↕
Tさん(新規)	3	X事業所	aさん	男・女																					↕									
合計					8	9	10	8	8	9	7	7	7	9	10	9	8	8	9	10	10	10	9	9	9	10	9	9	10	9	8	7	10	10
空室					○	○	×	○	○	○	○	○	○	○	×	○	○	○	○	×	×	×	○	○	○	×	○	○	×	○	○	○	×	×

図4 ショートステイでの予約業務

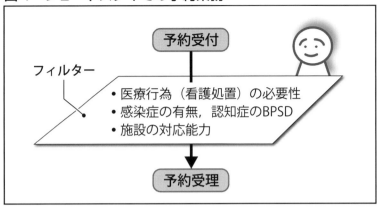

　では，ショートステイの「予約業務」は，ホテルなどの予約のように日程だけ確保すればよいかと言えば，そうは言い切れません。単なる日程調整だけであれば，インターネットなどを使えば自動的に行うことも可能です。しかし，自動的に居室を埋めるシステムは，ショートステイの予約受付では危険な側面もあります。医療行為（看護処置）の必要性，感染症の有無，認知症のBPSDなどを確認した上で，各施設の対応能力（キャパシティ）に照らし合わせて，受け入れるプロセスが求められます。利用者にとっても，施設にとっても，良い意味での「フィルター」にかける必要があると言えます（**図4**）。

　では次に，予約業務の持つ意味や，業務上のポイントについて詳しくみていきます。

1）予約受付の持つ意味

　ショートステイの予約業務には，次の3つの役割があります。

ショートステイの予約業務の役割
①家族の支援　　②利用者の支援　　③稼働率の管理

①家族の支援

　これは具体的には，家族の希望する日程，あるいはそれに近い日程を確保することを指しています。利用日数の長短は家族によってさまざまですが，大切なことは，そのニーズを満たしているかという点です。つまり，「介護の代替」であれば，家族介護者が不在となる間の日程を確保できているか，また「レスパイトケア」であれば，介護者が休養に要する日程を確保できているかということです。

　予約の段階で，ショートステイの日程が確保できているだけで，家族は安心することができるとも言われています。その反面，予約がとれず，キャンセル待ちをし

ている状態では，常に不安な気持ちが残ります。もちろん，予約の混み具合によっては希望どおりにいかないこともあります。それでも予約調整を通して，家族を支援しているという視点を持つことが大切となります。多少無理な依頼であっても，しっかりと向き合っていれば，その姿勢は相手方にも伝わるからです。

②利用者の支援

利用者にとって，納得のいく利用日程（期間の長短）を確保することが大切です。例えば，利用者の中には，利用期間が長すぎて早く帰りたいと訴える人や，退屈であると不平を言う人もみられます。こうした場合，まずは施設滞在中の利用者の過ごし方や利用に対する感想を確認（観察，聞き取り）することが大切です。

ショートステイの利用の動機は，家族側にあることが多いと言われます。そのため，本人の利用に対する意向が後回しになる傾向があります。しかし，本人のニーズを軽視したまま利用を続ければ，結果的に本人が利用を拒否することにもつながりかねず，逆効果となります。最初から利用者と家族のニーズを一致させることは難しいことも多いのですが，根気よく調整を行うことで，利用者にも納得のいく日程を見いだすことが，予約の調整では大切と言えます。

③稼働率の管理

稼働率の管理は，予約担当者に任せられた「権限」と言えます。しかし稼働率の向上は，予約担当者だけで実現するものではありません。最終的には，職員間のチームワークが良くないと，稼働率の向上は難しいと言えます。

一方で，利用者・家族，ケアマネジャーからショートステイ依頼の相談を集約し，実際に予約業務に携わるのは予約担当者（ここでは生活相談員）です。担当者レベルとして行える稼働率管理の仕事もあります。例えば，キャンセルのカバー（補充）です。キャンセルが出た時点で，速やかに家族やケアマネジャーに空き状況を知らせることが挙げられます。ただし，むやみに連絡をしても効果は薄いでしょう。日頃から，キャンセルが出れば，すぐに利用したい人をリストアップしておくことが大切です。

小規模多機能や宿泊可能なデイサービスなど，ショートステイに類似するサービスが登場してきたとはいえ，依然として需要が高いとされるショートステイは，貴重な社会資源の1つです。その意味では，部屋の空き情報はオープンにした上で，なるべく多くの人に使ってもらえるように工夫することが大切です。結果として，こうした取り組みが，稼働率の向上にもつながると言えます。

2）予約受付のポイントは「山を崩す」こと

　予約受付には，基本的に開始時期があります。予約受付の開始時期を完全にフリーにした場合，特定の利用者が部屋を押さえてしまい，「本当」にショートステイを利用したい人が利用できないという事態につながる可能性があります。それを防ぐには，一定のルールを設ける必要があります。予約開始時期は，各施設さまざまなようですが，「2カ月前」「3カ月前」などと，期間を区切っているところが多いようです。

　予約受付については，予約開始の「初日」に予約が集中する傾向があります。その日は，電話対応に明け暮れるという担当者の声も聞かれます。逆に，ショートステイを申し込む立場にあるケアマネジャーからすれば，なかなか電話が通じないという不満の声もあがっています。

　予約初日は申込依頼が集中しますが，この状況を稼働率の向上につなげることが大切です。初日の予約の傾向をみると，**図5**のように，「山」ができることがあります。「山」は，土・日・祝日，年末年始に集中する傾向があります。その反面，平日には「山」ではなく，「谷」ができることもあります。「山」のところをみると，何カ月も前であるにもかかわらず，すでに定員をオーバーしていることもみられます。予約担当者は「山」を崩し，なるべく均等に予約が散らばるように調整することが，稼働率の底上げにつながります。

　次に，「山」を崩す際のポイントですが，①利用理由を把握すること，②利用パターンを把握すること，にあります。

①利用理由を把握する

　その依頼内容が，「介護の代替」か「レスパイトケア」であるかを見極めることが重要です。「介護の代替」であれば，家族の用事に合わせる必要があるため，可

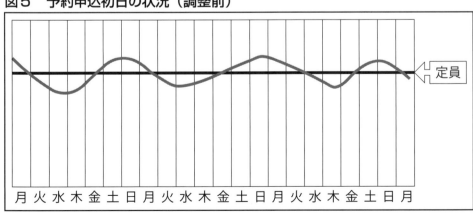

図5　予約申込初日の状況（調整前）

図6 ショートステイの利用パターン

	月	火	水	木	金	土	日	月	火	水	木	金	土	日	月	火	水	木	金	土	日	月	火	水	木	金	土	日
平日型		■	■	■					■	■	■					■	■	■					■	■	■			
土日型						■	■						■	■						■	■						■	■
週末型					■	■	■					■	■	■					■	■	■					■	■	■
1週間型	■	■	■	■	■	■	■																					
2週間型	■	■	■	■	■	■	■	■	■	■	■	■	■	■														
単発型								■	■	■	■	■																

柿田京子：利用者と家族の在宅を支える短期入所，月刊総合ケア，Vol.10，No.7，2000.を基に筆者加筆

能な限り希望日を押さえなければなりません。

それに対し，「レスパイトケア」は，休養が目的であるため，土日や祝日でなくても可能と言えます。「レスパイトケア」の人であれば，日程の調整が可能であり，場合によっては「谷」になっているところに，回ってもらうことも納得してもらえます。利用理由を把握することは，調整の「糸口」となるのです。

②利用パターンを把握する

利用間隔と日数の組み合わせを把握することです。**図6**のように，平日型，土日型，週末型など，さまざまな利用パターンが存在します。こうした利用者ごとのパターンを把握しておくことも，調整の際に役立ちます。

例えば，5日間の利用を月に2回利用したい人がいたとします。この場合，月の上旬に2回予約を入れ，後半には予約がなかったとすれば，偏りが生じることになります。これでは，「レスパイトケア」としての使い勝手が悪いと言えます。また，本人の生活リズムを考えても好ましくありません。カレンダーをみて，ショートステイの利用期間を偏りなく調整することが望ましいと言えます。利用者や家族の休養を考慮する上でも，利用パターンを把握することは大切です。

予約受付は，稼働率を維持・向上させる上で大切な業務ですが，稼働率の管理は，あくまでも施設側の事情です。稼働率管理を行いながらも，その根底には，利用者や家族のニーズを満たしていくことを常に考えておく必要があります。

Column コーヒーブレイク ⑤調整の極意？

　生活相談員の業務の中心は,「調整」にあると言っても過言ではありません。「調整」とは,「何か（誰か）」と「何か（誰か）」をつなぐ仕事とも言えます。言い換えれば,直接自分が行うというよりは,他者の力を借りることが中心となります。例えば,食事介助を例に挙げると,生活相談員の場合,在宅での食事介助の状況を家族から聞き取り,それを施設の介護職員に伝えることになります。生活相談員自身が食事介助を行うのではなく,介護職員が行う食事介助を「お膳立て」しているとも言えます。

　こうした「調整」の仕事は,一見「楽」に見え,誰にでもできる仕事のように思われがちです。しかし,「調整」にも技術が必要となります。また,「調整」の上手・下手で,相手に与える印象も違ってきます。

　調整型リーダーの典型と言われた人物に,竹下登元首相を挙げることができます。竹下元首相は「調整」のコツを聞かれた際に,次のように答えています。「調整のコツなんて,とりたててないわな。ただ1つあるとすれば,上からモノを言わないことです。私の場合は,相手の言い分,立場まで自分が譲ったり,下りたりしていくことを心がけた」と述べています。

　また,竹下元首相をよく知る人は「例えば,糸が切れても彼（竹下）はそれをいきなり結ぼうとしない。細かい繊維の一本一本を丹念により合わせて,つなげるようなところがあった。それはじつに知恵と根気がいる作業なんだが,彼はそれを実行していた」と証言しています。

　生活相談員は自身が介助（直接援助）を行う機会が少ない分,他者の力を借りて仕事を進めていく機会が多いと言えます。他者の力を借りるということは,他者に対し,過不足なく情報を伝達し,業務を依頼しなければなりません。その意味で,「調整」の能力が問われることになります。竹下元首相のエピソードから学べることは,まず丁寧に情報を伝えること,そして情報を受け取った相手が,気持ちよく仕事ができるかという点にあると思います。こうした点を忘れなければ,いつも行っている「調整」の仕事も,よりはかどるのかもしれません。

【参照】小林吉弥：竹下登　不敗の人間収攬術,講談社,2001.

5．事前面接の役割と手順

　一般に，ショートステイを新規利用する人に対して，利用前に自宅を訪問，あるいは施設に足を運んでもらい，サービス内容の説明などを行うことがあります。これを「事前面接」と呼ぶことにします。ここでは，事前面接の役割と手順について説明します。

1）事前面接の3つの役割

　事前面接には，主として，施設で行う場合と，利用者宅まで訪問する場合とがあります。どちらの形態をとるかは，利用者の置かれている状況に応じて判断することになります。それに先立ち，それぞれのメリットとデメリットを整理しておきます。

　まず施設で事前面接を行う場合は，利用者や家族が，面接と同時に，施設見学も行えるというメリットがあります。短時間ではありますが，利用者・家族が施設の雰囲気を感じることができます。しかし，利用者・家族に施設まで足を運んでもらわなければならず，それが負担となることも否定できません。

　それに対し，利用者宅で事前面接を行う場合は，職員が訪問するため，利用者側の移動にかかる負担は生じません。また，情報収集の点からみても，利用者宅を直接見ることができるため，書類による情報だけでは得られない内容も収集できるメリットがあります。その反面，利用者・家族が施設の雰囲気を知る機会は限られ，生活相談員の説明のみが頼りとなります。先述したように，どちらの形態を選ぶのかは，利用者・家族の希望や状況に応じて判断することになります。

　さて，事前面接の役割についてですが，大別すると次の3つの役割があります。

ショートステイでの事前面接の役割
①利用者の状態把握（情報収集）　　②重要事項の説明と契約
③信頼関係の構築

---

①利用者の状態把握

　ショートステイでサービス提供（食事，排泄，入浴，健康管理など）をするにあたり，事前の情報収集が必要となります。自宅で行う事前面接は，職員側にすると，利用者や家族と接することができる数少ない機会です。送迎を除いて，施設職員が利用者宅を訪れる機会は通常あまりないからです。家庭訪問をした際には，利用者

の家庭での様子や環境を直に見ることができます。これは，口頭や書面だけでは得られない貴重な情報と言えます。

　例えば，その利用者が「大切」に介護をされているか，あるいはその反対なのかということも，職員にとっては重要な情報となります。家族とのコミュニケーションを図る上での参考になるからです。このように，書類に書かれていない内容も含め，サービス提供に必要となる情報を収集していくことが大切です。

　ちなみに，**資料4**は，ショートステイの利用に際して，利用者の自宅での様子を家族に記入してもらう用紙です。利用後にお渡しし，次回利用時に持参してもらいます。

②重要事項の説明と契約

　法令では，サービス内容の事前説明と契約の締結行為が定められています[*3)]。

　資料5は，「契約書」と「重要事項説明書」および「個人情報取扱同意書」の様式です。

資料4　ショートステイ利用者の事前情報収集用紙

〈利用者・家族からの連絡シート〉

_____ 様　　　　　　　　　　平成　　年　　月　　日

1．最近の体調は，いかがですか？

2．排便の調子は，いかがですか？
　最終排便日（　月　日）

3．お体の手当て（処置）について，ご希望などがあればご記入ください。

4．お薬の内容は，変更ありませんか？

　　　　　　　記載者：_____
　　　　　　　今回ご利用中の連絡先：_____

ここでの目的は，単に書類にサインや印鑑をもらうだけではなく，利用者や家族が納得した上でショートステイを利用してもらえることにあります。

> 第125条　指定短期入所生活介護事業者は，指定短期入所生活介護の提供の開始に際し，あらかじめ，利用申込者またはその家族に対し，第百三十七条に規定する運営規程の概要，短期入所生活介護従業者の勤務の体制その他の利用申込者のサービスの選択に資すると認められる重要事項を記した文書を交付して説明を行い，サービスの内容及び利用期間等について利用申込者の同意を得なければならない。
>
> ※指定居宅サービス等の事業の人員，設備及び運営に関する基準（平成十一年三月三十一日厚生省令第三十七号）

　説明する者は，書面を用いてサービス内容や料金などについて説明することになります。しかし，書面だけでは，利用者・家族がサービス内容をイメージしにくいことも考えられます。そのため，パンフレットや施設内の写真などを提示し，視覚的に分かりやすくする工夫も求められます。こうした相手の立場に寄り添った対応により，より納得した形で，ショートステイの利用につなげていくことが大切です。

③信頼関係の構築

　事前面接の機会を利用し，利用者や家族と信頼関係（ラポール）を築くことが重要です。信頼関係を築いていく上で，利用者や家族と電話で会話しているよりは，直接出会った方が，より関係形成は行いやすいと言えます。

　事前面接の段階で，ある程度信頼関係ができていると，その後の「本利用」もスムーズにいく傾向がみられます。利用者にとっても，施設に来て顔見知りの職員がいることは，不安な気持ちを和らげることにもなります。

　事前面接という限られた時間ですので，すべての対象者と信頼関係が築けるとは限りません。しかし，それを目指して，柔軟で丁寧な説明を心がけることは重要です。そうすることで，利用者の不安も軽減され，ショートステイの利用本番（本利用）にスムーズに入っていける手がかりとなることでしょう。

　繰り返しますが，事前面接は利用者や家族と接することができる貴重な機会ですので，事務的な作業に終始することなく，有意義に活用することが求められます。

＊3　「指定居宅サービス等の事業の人員，設備及び運営に関する基準」125条（内容及び手続の説明及び同意）を参照。

資料5－1　ショートステイ利用契約書

平成　年　月　日

「指定（介護予防）短期入所生活介護」利用契約書

　（以下「契約者」という。）と社会福祉法人○○　○○ショートステイ（介護予防を含む）（以下「事業者」という。）は，契約者が○○○（以下「事業所」という。）において，事業者から提供される（介護予防）短期入所生活介護サービスを受け，それに対する利用料金を支払うことについて，次のとおり契約（以下「本契約」という。）を締結します。

第一章　総則
第1条（契約の目的）
1　事業者は，介護保険法令の趣旨に従い，契約者がその有する能力に応じ，可能な限り自立した日常生活を営むことができるように支援することを目的として，契約者に対し，その日常生活を営むために必要な居室および共用施設等を使用させるとともに，第4条および第5条に定める短期入所生活介護サービスを提供します。

第2条（契約期間）
　本契約の有効期間は，契約締結の日から契約者の要支援認定，要介護認定の有効期間満了日までとします。
　ただし，契約期間満了の2日前までに契約者から文書による契約終了の申し入れがない場合には，本契約はさらに同じ条件で更新されるものとし，以後も同様とします。

第3条（短期入所生活介護計画の決定・変更）
1　事業者は，契約者に係る居宅サービス計画（ケアプラン）が作成されている場合には，それに沿って契約者の（介護予防）短期入所生活介護計画を作成するものとします。
2　事業者は，契約者に係る居宅サービス計画が作成されていない場合でも，（介護予防）短期入所生活介護計画の作成を行います。その場合に，事業者は，契約者に対して，居宅介護支援事業者を紹介する等居宅サービス計画作成のために必要な支援を行うものとします。
3　事業者は，（介護予防）短期入所生活介護計画について，契約者およびその家族等に対して説明し，同意を得た上で決定するものとします。
4　事業者は，契約者に係る居宅サービス計画が変更された場合，もしくは契約者およびその家族等の要請に応じて，短期入所生活介護計画について変更の必要があるかどうかを調査し，その結果，（介護予防）短期入所生活介護計画の変更の必要があると認められた場合には，契約者およびその家族等と協議して，短期入所生活介護計画を変更するものとします。
5　事業者は，（介護予防）短期入所生活介護計画を変更した場合には，契約者に対して書面を交付し，その内容を確認するものとします。

第4条（介護保険給付対象サービス）
　事業者は，介護保険給付対象サービスとして，事業所において，契約者に対して，入浴，排せつ，食事等の介護その他日常生活上の世話および機能訓練を提供するものとします。

第5条（介護保険給付対象外のサービス）
　事業者は契約者との合意に基づき，介護保険給付の支給限度額を超える短期入所生活介護サービスを提供するものとします。

第6条（契約期間と利用期間）
　本契約でいう「契約期間」とは，第2条に定める契約の有効期間をいい，「利用期間」とは，第2条で定められた契約期間内において，事業者が契約者に対して，現に短期入所生活介護サービスを実施する期間をいいます。

第二章　サービスの利用と料金の支払い
第7条（サービス利用料金の支払い）
1　契約者は要介護度に応じて第4条に定めるサービスを受け，重要事項説明書に定める所定の料金体系に基づいたサービス利用料金から介護保険給付額を差し引いた差額分（自己負担：通常はサービス利用料金の1割）を事業者に支払うものとします。
　ただし，契約者がいまだ要介護認定を受けていない場合および居宅サービス計画が作成されてい

ない場合には，サービス利用料金をいったん支払うものとします（要介護認定後または居宅サービス計画作成後，自己負担分を除く金額が介護保険から払い戻されます〈償還払い〉）。
2　第5条に定めるサービスについては，契約者は，重要事項説明書に定める所定の料金体系に基づいたサービス利用料金を事業者に支払うものとします。
3　前項の他，契約者は利用期間中の食事代と契約者の日常生活上必要となる諸費用実費（おむつ代を除く）を事業者に支払うものとします。
4　契約者は，前3項に定めるサービス利用料金をサービスの利用終了時に，支払うものとします。

第8条（利用の中止・変更・追加）
1　契約者は，第6条に定める利用期間前において，短期入所生活介護サービスの利用を中止または変更，もしくは介護支援専門員との調整の上，新たなサービスの利用を追加することができます。この場合には，契約者はサービス開始日の前日までに事業者に申し出るものとします。
2　契約者が，利用開始日に利用の中止を申し出た場合は，重要事項説明書に定める所定の取消料を事業者にお支払いいただく場合があります。ただし，契約者の体調不良等正当な事由がある場合は，この限りではありません。
3　事業者は，第1項に基づく契約者からのサービス利用の変更・追加の申し出に対して，事業所が満室で契約者の希望する期間にサービスの提供ができない場合，他の利用可能期間を契約者に提示して協議するものとします。
4　契約者は，第6条に定める利用期間中であっても，サービスの利用をケアマネジャーと相談の上，中止することができます。
5　前項の場合に，契約者は，すでに実施されたサービスに対する利用料金支払義務および第12条第3項（原状回復の義務）その他の条項に基づく義務を事業者に対して負担しているときは，利用終了日に精算するものとします。
6　第4項により契約者がサービスの利用を中止し，事業所を退所する場合において，事業者は，契約者の心身の状況，置かれている環境等を勘案し，必要な援助を行うものとします。

第9条（利用料金の変更）
1　第7条第1項に定めるサービス利用料金について，介護給付費体系の変更があった場合，事業者は当該サービス利用料金を変更することができるものとします。
2　第7条第2項および第3項に定めるサービス利用料金については，経済状況の著しい変化その他やむを得ない事由がある場合，事業者は，契約者に対して，変更を行う日の2カ月前までに説明をした上で，当該サービス利用料金を相当な額に変更することができます。
3　契約者は，前項の変更に同意することができない場合には，本契約を解約することができます。

第三章　事業者の義務
第10条（事業者およびサービス従事者の義務）
1　事業者およびサービス従事者は，サービスの提供にあたって，契約者の生命，身体，財産の安全・確保に配慮するものとします。
2　事業者は契約者の体調・健康状態からみて必要な場合には，事業所の医師または看護職員もしくは主治医またはあらかじめ定めた協力医療機関と連携し，契約者からの聴取・確認の上でサービスを実施するものとします。
3　事業者およびサービス従事者は，契約者または他の利用者等の生命または身体を保護するため緊急やむを得ない場合を除き，身体的拘束その他契約者の行動を制限する行為を行わないものとします。
4　事業者は，契約者に対する（介護予防）短期入所生活介護サービスの提供について記録を作成し，それを2年間保管し，契約者もしくはその代理人の請求に応じてこれを閲覧させ，複写物を交付するものとします。
5　事業者は，サービス提供時において，契約者に病状の急変が生じた場合その他必要な場合は，速やかに主治医またはあらかじめ定めた協力医療機関への連絡を行う等の必要な措置を講じるものとします。

第11条（守秘義務等）
1　事業者およびサービス従事者または従業員は，短期入所生活介護サービスを提供する上で知り得た契約者またはその家族等に関する事項を正当な理由なく第三者に漏洩しません。この守秘義務は，本契約が終了した後も継続します。

2　事業者は，契約者に医療上，緊急の必要性がある場合には，医療機関等に契約者に関する心身等の情報を提供できるものとします。
3　前2項にかかわらず，契約者に係る他の居宅介護支援事業者等との連携を図るなど正当な理由がある場合には，その情報が用いられる者の事前の同意を文書により得た上で，契約者または契約者の家族等の個人情報を用いることができるものとします。

第四章　契約者の義務
第12条（契約者の施設利用上の注意義務等）
1　契約者は，居室および共用施設，敷地をその本来の用途に従って，利用するものとします。
2　契約者は，サービスの実施および安全衛生等の管理上の必要があると認められる場合には，事業者およびサービス従事者が契約者の居室内に立ち入り，必要な措置をとることを認めるものとします。ただし，その場合，事業者は，契約者のプライバシー等の保護について，十分な配慮をするものとします。
3　契約者は，事業所の施設，設備について，故意または重大な過失により滅失，破損，汚損もしくは変更した場合には，自己の費用により原状に復するか，または相当の代価を支払うものとします。
4　契約者の心身の状況等により特段の配慮が必要な場合には，契約者およびその家族等と事業者との協議により，居室または共用施設，設備の利用方法等を決定するものとします。

第五章　損害賠償（事業者の義務違反）
第13条（損害賠償責任）
1　事業者は，本契約に基づくサービスの実施に伴って，自己の責に帰すべき事由により契約者に生じた損害について賠償する責任を負います。第11条に定める守秘義務に違反した場合も同様とします。
　　ただし，契約者に故意または過失が認められる場合には，契約者の置かれた心身の状況を斟酌して相当と認められる時に限り，損害賠償責任を減じることができるものとします。
2　事業者は，前項の損害賠償責任を速やかに履行するものとします。

第14条（損害賠償がなされない場合）
　事業者は，自己の責に帰すべき事由がない限り，損害賠償責任を負いません。とりわけ以下の各号に該当する場合には，事業者は損害賠償責任を免れます。
　一　契約者が，契約締結時にその心身の状況および病歴等の重要事項について，故意にこれを告げず，または不実の告知を行ったことにもっぱら起因して損害が発生した場合
　二　契約者が，サービスの実施にあたって必要な事項に関する聴取・確認に対して故意にこれを告げず，または不実の告知を行ったことにもっぱら起因して損害が発生した場合
　三　契約者の急激な体調の変化等，事業者の実施したサービスを原因としない事由にもっぱら起因して損害が発生した場合
　四　契約者が，事業者もしくはサービス従事者の指示・依頼に反して行った行為にもっぱら起因して損害が発生した場合

第15条（事業者の責任によらない事由によるサービスの実施不能）
　事業者は，本契約の有効期間中，地震・噴火等の天災その他自己の責に帰すべからざる事由によりサービスの実施ができなくなった場合には，契約者に対してすでに実施したサービスを除いて，所定のサービス利用料金の支払いを請求することはできないものとします。

第六章　契約の終了
第16条（契約の終了事由，契約終了に伴う援助）
1　契約者は，以下の各号に基づく契約の終了がない限り，本契約に定めるところに従い事業者が提供するサービスを利用することができるものとします。
　一　契約者が死亡した場合
　二　要介護認定により契約者の心身の状況が自立と判定された場合
　三　事業者が解散命令を受けた場合，破産した場合またはやむを得ない事由により事業所を閉鎖した場合
　四　施設の滅失や重大な毀損により，サービスの提供が不可能になった場合
　五　事業所が介護保険の指定を取り消された場合または指定を辞退した場合

六　第17条から第19条に基づき本契約が解約または解除された場合
2　事業者は，前項第一号を除く各号により本契約が終了する場合には，契約者の心身の状況，置かれている環境等を勘案し，必要な援助を行うよう努めるものとします。

第17条（契約者からの中途解約）
1　契約者は，本契約の有効期間中，本契約を解約することができます。この場合には，契約者は契約終了を希望する日の7日前までに事業者に通知するものとします。
2　契約者は，以下の事項に該当する場合には，本契約を即時に解約することができます。
一　第9条第3項により本契約を解約する場合
二　契約者が入院した場合
三　契約者に係る居宅サービス計画（ケアプラン）が変更された場合

第18条（契約者からの契約解除）
契約者は，事業者もしくはサービス従事者が以下の事項に該当する行為を行った場合には，本契約を解除することができます。
一　事業者もしくはサービス従事者が正当な理由なく本契約に定める短期入所生活介護サービスを実施しない場合
二　事業者もしくはサービス従事者が第11条に定める守秘義務に違反した場合
三　事業者もしくはサービス従事者が故意または過失により契約者の身体・財物・信用等を傷つけ，または著しい不信行為，その他本契約を継続しがたい重大な事情が認められる場合
四　他の利用者が契約者の身体・財物・信用等を傷つけた場合もしくは傷つける恐れがある場合において，事業者が適切な対応をとらない場合

第19条（事業者からの契約解除）
事業者は，契約者が以下の事項に該当する場合には，本契約を解除することができます。
一　契約者が，契約締結時にその心身の状況および病歴等の重要事項について，故意にこれを告げず，または不実の告知を行い，その結果本契約を継続しがたい重大な事情を生じさせた場合
二　契約者による，第7条第1項から第3項に定めるサービス利用料金の支払いが3カ月以上遅延し，相当期間を定めた催告にもかかわらずこれが支払われない場合
三　契約者が，故意または重大な過失により事業者またはサービス従事者もしくは他の利用者等の生命・身体・財物・信用等を傷つけ，または著しい不信行為を行うことなどによって，本契約を継続しがたい重大な事情を生じさせた場合

第20条（精算）
第16条第1項第二号から第六号により本契約が終了した場合において，契約者が，すでに実施されたサービスに対する利用料金支払義務および第12条第3項（原状回復の義務）その他の条項に基づく義務を事業者に対して負担しているときは，契約終了日から1週間以内に精算するものとします。

第七章　その他
第21条（苦情処理）
事業者は，その提供したサービスに関する契約者等からの苦情に対して，苦情を受け付ける窓口を設置して適切に対応するものとします。

第22条（協議事項）
本契約に定められていない事項について問題が生じた場合には，事業者は介護保険法その他諸法令の定めるところに従い，契約者と誠意を持って協議するものとします。

　上記の契約を証するため，本書2通を作成し，契約者，事業者が記名捺印の上，各1通を保有するものとします。

平成　年　月　日

事業者	住所　○○県○○市○○	契約者	住所
事業者名	社会福祉法人○○	（利用者）	氏名　○○○○　印
	○○ショートステイ	代理人	住所
管理者氏名	○○○○　印		氏名　　　　　　　印

資料5-2　ショートステイ利用における重要事項説明書　2014年4月現在

平成　年　月　日

「指定（介護予防）短期入所生活介護」重要事項説明書

当事業所は介護保険の指定を受けています。（○○県指定　第○○号）

当事業所はご入居者に対して指定（介護予防）短期入所生活介護サービスを提供します。事業所の概要や提供されるサービスの内容について，次のとおり説明します。

1．事業者
(1) 法人名　　　　　社会福祉法人○○○
(2) 法人所在地　　　○○県○○市○○
(3) 電話番号　　　　○○○-○○○-○○○○
(4) 代表者氏名　　　○○○○
(5) 設立年月　　　　○○年○月○日

2．事業所の概要
(1) 事業所の種類　　指定短期入所生活介護事業所・平成○年○月○日指定
　　　　　　　　　　○○県指令　第○○号
　　　　　　　　　　※当事業所は特別養護老人ホーム○○に併設されています。
(2) 事業所の目的　　短期入所生活介護・介護予防短期入所生活介護
(3) 事業所の名称　　社会福祉法人○○　○○ショートステイ
(4) 事業所の所在地　○○県○○市○○
(5) 電話番号　　　　○○○-○○○-○○○○
(6) 事業所長（管理者）氏名　○○○○
(7) 当事業所の運営方針
　　介護の必要な高齢者の心身の特性を踏まえて，日常生活における自立を支援する。
(8) 開設年月　　　　平成○年○月○日
(9) 営業日および営業時間

営業日	年中無休
受付時間	月～土　8時30分～17時15分

(10) 利用定員　　　　○○人
(11) 居室等の概要

　当事業所では以下の種類の居室・設備をご用意しています。利用される居室の種類についてご希望がある場合は，その旨お申し出ください（ただし，ご契約者の心身の状況や居室の空き状況によりご希望に沿えない場合もあります）。

居室・設備の種類	室数	備考
個室（1人部屋）	8室	従来型個室
2人部屋	4室	多床室
4人部屋	3室	
合計	15室	
食堂	1室	
機能訓練室	1室	［主な設置機器］平行棒，昇降階段，他
浴室	1室	機械浴・特殊浴槽
医務室	1室	

※上記は，指定短期入所生活介護事業所に必置が義務づけられている施設・設備です。この施設・設備の利用にあたって，ご契約者に特別にご負担いただく費用はありません。
☆居室の変更：ご契約者から居室の変更希望の申し出があった場合は，居室の空き状況により事業所での可否を決定します。また，ご契約者の心身の状況により居室を変更する場合があります。その際には，ご契約者やご家族等と協議の上決定するものとします。

3．職員の配置状況

　当事業所では，ご契約者に対して指定（介護予防）短期入所生活介護サービスを提供する職員として，以下の職種の職員を配置しています。

〈主な職員の配置状況〉　※職員の配置については，指定基準を遵守しています。

平成○年○月○日現在

職種	常勤換算	指定基準
（1）施設長（管理者）	1	1名
（2）介護職員	48.1	39名
（3）生活相談員	1	1名
（4）看護職員	5.7	4名
（5）機能訓練指導員	1.3	1.2名
（6）介護支援専門員	1	1名
（7）医師	0.2	必要数
（8）管理栄養士	1	1名

※常勤換算：職員それぞれの週あたりの勤務時間数の総数を当事業所における常勤職員の所定勤務時間数（例：週40時間）で除した数です。
※当施設は特別養護老人ホームと併設しておりますので，職員数は合算となります。

〈主な職種の勤務体制〉

職種	勤務体制
1．医師	月曜日　13：30～15：30 水曜日　9：00～11：00 （嘱託医師による来診）
2．介護職員	日中帯：18名 夜間帯：5名（20：45～7：00）
3．看護職員	日中帯：4名（夜間帯はオンコール）

☆土日は上記と異なります。

4．当事業所が提供するサービスと利用料金

　当事業所では，ご契約者に対して以下のサービスを提供します。
　なお，当事業所が提供するサービスについては，利用料金が介護保険から給付される場合と，利用料金の全額をご契約者に負担いただく場合があります。

（1）当事業所が提供する介護サービス

　以下のサービスについては，居室にかかる費用（滞在費）および食事にかかる費用を除き，利用料金の通常9割が介護保険から給付されます。

〈サービスの概要〉
①居室の提供
②食事
・当事業所では，管理栄養士の立てる献立表により，栄養ならびにご契約者の身体の状況および嗜好を考慮した食事を提供します。
・ご契約者の自立支援のため，離床して食堂にて食事をとっていただくことを原則としています。
（食事時間）
　　　朝食：7：30～8：30　　　昼食：12：00～13：30　　　夕食：18：00～19：00
③入浴
・入浴または清拭を週2回行います。
・寝たきりの方でも機械浴槽，リフト浴槽を使用して入浴することができます。
　例）2日間～4日間のご利用　⇒　入浴1回
　　　5日間～7日間のご利用　⇒　入浴2回

④排泄
・排泄の自立を促すため，ご契約者の身体能力を最大限活用した援助を行います。
⑤機能訓練
・機能訓練指導員により，ご契約者の心身等の状況に応じて，日常生活を送るのに必要な機能の回復またはその減退を防止するための訓練を実施します。
⑥その他自立への支援
・寝たきり防止のため，できる限り離床に配慮します。
・生活のリズムを考え，毎朝夕の着替えを行うよう配慮します。
・清潔で快適な生活が送れるよう，適切な整容が行われるよう援助します。

〈サービス利用料金（1日あたり）〉
　下記の料金表によって，ご契約者の要介護度に応じたサービス利用料金から介護保険給付費額を除いた金額（自己負担額）をお支払いください（サービスの利用料金は，ご契約者の要介護度に応じて異なります）。

①個室利用の場合（従来型個室）

①ご契約者の要介護度とサービス利用料金	要支援1 4,580円	要支援2 5,690円	要介護1 6,120円	要介護2 6,830円	要介護3 7,550円	要介護4 8,250円	要介護5 8,950円
②機能訓練指導体制加算[※1]	120円						
③看護体制加算（Ⅰ）[※2]			40円				
④夜勤職員配置加算[※3]			130円				
⑤サービス提供体制強化加算（Ⅰ）[※4]	120円						
⑥サービス利用にかかる自己負担額（①+②+③+④+⑤）×0.1	482円	593円	653円	724円	796円	866円	936円
⑦居室にかかる自己負担額	1,150円						
⑧食事にかかる自己負担額	1,420円[※5]						
自己負担額合計	3,052円	3,163円	3,223円	3,294円	3,366円	3,436円	3,506円

※1 機能訓練指導体制加算…機能訓練指導員の職務に従事する常勤の職員を配置している場合。
※2 看護体制加算（Ⅰ）…常勤の看護師を1名以上配置している場合。
※3 夜勤職員配置加算…夜勤職員配置加算・夜勤職員が5名以上配置されている場合。
※4 サービス提供体制強化加算…介護職員の総数のうち介護福祉士の割合が50％以上であること。
※5 の食費は1日（1,380円）の計算です。食費は1食ごとに下記のとおり分かれています。

朝食：360円	昼食：620円	夕食：440円

②多床室（4人部屋・2人部屋）利用の場合

①ご契約者の要介護度とサービス利用料金	要支援1 5,020円	要支援2 6,170円	要介護1 6,860円	要介護2 7,550円	要介護3 8,260円	要介護4 8,960円	要介護5 9,640円
②機能訓練指導体制加算[※1]	120円						
③看護体制加算（Ⅰ）[※2]			40円				
④夜勤職員配置加算[※3]			130円				
⑤サービス提供体制強化加算（Ⅰ）[※4]	120円						
⑥サービス利用にかかる自己負担額（①+②+③+④+⑤）×0.1	526円	641円	727円	796円	867円	937円	1,005円
⑦居室にかかる自己負担額	320円						
⑧食事にかかる自己負担額	1,420円[※5]						
自己負担額合計	2,266円	2,381円	2,467円	2,536円	2,607円	2,677円	2,745円

※1 機能訓練指導体制加算…機能訓練指導員の職務に従事する常勤の職員を配置している場合。
※2 看護体制加算（Ⅰ）…常勤の看護師を1名以上配置している場合。

※4 サービス提供体制強化加算…介護職員の総数のうち介護福祉士の割合が50％以上であること。
※5の食費は1日（1,380円）の計算です。食費は1食ごとに下記のとおり分かれています。

| 朝食：360円 | 昼食：620円 | 夕食：440円 |

☆上記の介護サービス以外に，次のサービスを利用された場合は，下記の金額が加算されます。

サービスおよび加算の内容	加算額	自己負担額	加算の条件
送迎加算（片道）	1,840円	184円	送迎サービスを利用した場合
療養食加算（1日あたり）	230円	23円	医師の指示に基づく療養食を提供した場合
若年性認知症利用者受入加算（1日あたり）	1,200円	120円	若年性認知症（40〜65歳）の方を受け入れた場合
介護職員処遇改善加算（Ⅰ）	全介護報酬の2.5％	加算項目により異なる	介護職員の処遇改善に関する加算
地域加算	全介護報酬の1.4％	加算項目により異なる	介護保険による地域区分が○○市は6級地であるため

☆ご契約者がまだ要介護認定を受けていない場合には，サービス利用料金の全額をいったんお支払いいただきます。要支援または要介護の認定を受けた後，自己負担額を除く金額が介護保険から払い戻されます（償還払い）。また，居宅サービス計画が作成されていない場合も償還払いとなります。償還払いとなる場合，ご契約者が保険給付の申請を行うために必要となる事項を記載した「サービス提供証明書」を交付します。
☆介護保険からの給付額に変更があった場合，変更された額に合わせて，ご契約者の負担額を変更します。

○当事業所の滞在費・食費の負担額
　世帯全員が市町村民税非課税の方（市町村民税非課税者）や生活保護を受けておられる方の場合は，1日あたりの滞在費・食費の負担が軽減されます。

（単位：円）

対象者		区分	滞在費		食費
			多床室	従来型個室	
生活保護受給者		利用者負担段階1	0	320	300
市町村民税非課税者	老齢福祉年金受給者				
	課税年金収入額と合計所得金額の合計額が80万円以下の方	利用者負担段階2	320	420	390
	利用者負担第1・第2段階以外の方	利用者負担段階3	320	820	650
上記以外の方		利用者負担段階4	320	1,150	1,420

（2）（1）以外のサービス
　以下のサービスは，利用料金の全額（実費）がご契約者の負担となります。

〈サービスの概要と利用料金〉
①理髪・美容
［理髪サービス］
　月に約1回，理容師の出張による理髪サービス（調髪，顔剃）をご利用いただけます。

②レクリエーション，クラブ活動
　ご契約者の希望によりレクリエーションやクラブ活動に参加していただくことができます。
　　利用料金：材料代等の実費をいただきます。

③日常生活上必要となる諸費用実費
　日常生活品の購入代金等ご契約者の日常生活に要する費用で，ご契約者に負担いただくことが適当であるものについては，費用を負担いただく場合があります。
　おむつ代は介護保険給付対象となっていますので，ご負担の必要はありません。

④利用料の領収書の再発行等（利用料受領証明書）
　　1通（1カ月）あたり　　○○円
（3）利用料金のお支払い方法
　前記（1），（2）の料金・費用は，サービス利用終了時に，ご利用期間分の合計金額をお支払いください。
（4）利用の中止，変更，追加
○利用予定期間の前に，ご契約者の都合により，（介護予防）短期入所生活介護サービスの利用を中止または変更，もしくは介護支援専門員との調整の上，新たなサービスの利用を追加することができます。この場合には，サービスの実施日前日までに事業者に申し出てください。
○利用予定日の前日までに申し出がなく，当日になって利用の中止の申し出をされた場合，取消料として下記の料金をお支払いいただく場合があります。ただし，ご契約者の体調不良等正当な事由がある場合は，この限りではありません。

利用予定日の前日までに申し出があった場合	無料
利用予定日の前日までに申し出がなかった場合	当日の利用料金の10％（自己負担相当額）

○サービス利用の変更・追加の申し出に対して，事業所の稼働状況により契約者の希望する期間にサービスの提供ができない場合，他の利用可能日時を介護支援専門員と協議の上，契約者に提示します。
○ご契約者がサービスを利用している期間中でも，利用を中止することができます。その場合，すでに実施されたサービスに係る利用料金はお支払いいただきます。

5．事故発生時の対応について
　当施設のサービス提供により事故が発生した場合，当該利用者の安全確保を最優先します。その後速やかに家族，各関係部署へ連絡し必要な処置をとるものとし，医療機関への受診が必要と判断される場合には迅速に対応します。また，事故の状況および事故に関してとった措置を記録し，併せて事故発生の原因・再発防止の検討を行います。

6．身体拘束の廃止
　当施設は，当該利用者または他の利用者等の生命または身体を保護するため，緊急やむを得ない場合を除き，身体拘束その他の利用者の行動を制限する行為を行いません。
　上記に関して，身体拘束を行う場合は，当施設の「身体拘束等行動制限についての取扱要領」における身体拘束廃止委員会において協議し，検討を重ね決定します。

7．苦情の受付について
（1）当事業所における苦情の受付
　　当事業所における苦情やご相談は，以下の専用窓口で受け付けます。
　　　　苦情受付窓口（担当者）
　　　　［職名］　生活相談員　　○○○○
　　　　受付時間　毎週月曜日～金曜日　8：30～17：15
（2）行政機関その他苦情受付機関

各市介護保険担当課	住所地の市役所の介護保険担当課
国民健康保険団体連合会	所在地　　○○市○○町 電話番号　○○○-○○○-○○○○
○○県社会福祉協議会	所在地　　○○市○○町 電話番号　○○○-○○○-○○○○
○○市役所	所在地　　○○市○○町 電話番号　○○○-○○○-○○○○

8．その他施設の利用に関して
（1）転倒について
　高齢者は日常生活でも転倒して骨折等が起こる可能性があり，施設内でも歩行時等に同様のことが起こることがあります。職員の見守りには限界がありますので，この点はご理解いただきますようお願いいたします。

（2）病気の発症について
　高齢者は，脳卒中や心筋梗塞などはしばしば発症します。施設利用中に発症を認めた場合，連携医療機関への搬送等，最善の対応をさせていただきます。しかし，この発症そのものを防ぐことはできませんので，この点もご理解をお願いいたします。

（3）感染予防について
　感染予防の観点から，体調不良時（発熱・下痢・嘔吐等）のご面会はお控えください。また，ご面会の際には手洗い・うがい・手指消毒等のご協力も重ねてお願いいたします。

　　　　　　　　　　　　　　　　　　　　　　　　　　平成　　年　　月　　日
指定（介護予防）短期入所生活介護サービスについて，本書面に基づき重要事項の説明を行いました。
指定（介護予防）短期入所生活介護事業所　○○ショートステイ
　説明者　職名　　　　　　　　　　　　氏名　　　　　　　　　　印

私は，本書面に基づいて事業者から重要事項の説明を受けました。
前記について，代理人としても同意します。

本人　住所　　　　　　　　　　　　　代理人　住所
　　　氏名　　　　　　　　　　印　　　　　　氏名　　　　　　　　　　印
※この重要事項説明書は，利用申込者またはその家族への重要事項説明のために作成したものです。

資料5-3　ショートステイ利用における個人情報取扱同意書

個人情報の使用に係る同意書

　以下に定める条件のとおり，私（　　　　）および代理人（　　　　）は，社会福祉法人○○　○○ショートステイが，私および身元引受人，家族の個人情報を下記の利用目的の必要最低限の範囲内で使用，提供，または収集することに同意します。

1．利用期間
　介護サービス提供に必要な期間および契約期間に準じます。

2．利用目的
（1）介護保険における介護認定の申請および更新，区分変更のため
（2）利用者にかかわる個別援助計画（ケアプラン）を立案，およびサービス担当者会議（カンファレンス）での情報提供のため
（3）医療機関・福祉事業者・介護支援専門員・介護サービス事業者・自治体（保険者）・その他社会福祉団体等との連絡調整のため
（4）利用者が，医療サービスの利用を希望している場合，および主治医等の意見を求める必要のある場合
（5）行政の開催する評価会議・サービス担当者会議での情報提供のため
（6）職員の資質向上・研鑽目的による施設内外における学会発表のため
（7）実習生の教育目的のため
（8）施設内における行事等の写真掲示のため
（9）上記各号にかかわらず，緊急を要する時の連絡等の場合

3．使用条件
　個人情報の提供は必要最低限とし，サービス提供にかかわる目的以外決して利用しません。また，利用者とのサービス利用にかかわる契約の締結前からサービス終了後においても，第三者に漏らしません。
　　　　　　　　　　　　　　　　　　　　　　　　　　　平成　　年　　月　　日

本人（利用者）　住所　　　　　　　氏名　　　　　　　印
代理人　　　　　住所　　　　　　　氏名　　　　　　　印　続柄（　　　）

2）業務の流れとポイント

　ここでは，事前面接の業務としての流れとポイントについて説明します。事前面接に関する一連の業務は，①面接前，②面接時，③面接後という場面に大別することができます。

```
〈事前面接に関する業務の流れ〉
【面接前】
  ・資料の収集（利用者のプロフィール，居宅サービス計画書，診断書など）
  ・資料の下読み（資料の内容を，ある程度頭に入れる）
【面接時】
  ・情報収集（資料では分かりづらかった点の確認など）
  ・重要事項説明および契約
  ・利用者・家族とのコミュニケーション（信頼関係の構築）
【面接後】
  ・資料内容と面接内容の照合
  ・事前面接の記録（書類作成）
```

①面接前

　面接前の業務には，「資料の収集」と「資料の下読み」があります。「資料の収集」では，主にケアマネジャーとの連携（書類のやり取り）が求められます。

　ケアマネジャーへの資料提供の依頼は，緊急時を除けば，利用の1週間前くらいには済ませておきたいものです。資料を準備するケアマネジャーの立場に配慮する必要があるからです。依頼する資料の内容については，少なくとも，利用者のADLが記載された書類（基本情報，状態など），居宅サービス計画書は必要です。それに加え，医療面での情報が書かれた書類（診断書，診療情報提供書など）があれば，さらに望ましいでしょう。ただし，診断書などは，作成に手間と時間がかかることや，文書料が発生することから，ショートステイ利用のためだけに作成してもらうには慎重に検討する必要があります。診断書に代わる書式として，主治医意見書があります。市役所などの窓口で開示手続きを行う必要がありますが，文書料は発生しないため，利用者側の負担は少なくて済みます。

　まとめると，居宅サービス計画書，利用者のADLなどが記載された書類，医療面に関する書類の3種類があれば，多角的な情報が得られると言えます。

次に,「資料の下読み」についてです。これは事前に入手した資料の内容を読み込み,ひととおり頭に入れておく作業です。なぜなら,事前面接の当日,利用者の前に資料を広げて内容をチェックするということは避けたいからです。

　資料には,専門職同士でしか通用しない内容や,利用者にみられると都合の悪い内容（例えば,虐待などの情報）も含まれています。それを利用者の前に提示して話を進めることは憚られます。その意味でも,面接当日までに資料を読み込み,疑問点や確認したい点を明らかにしておくことが,面接をスムーズに行う上でも重要です。

②面接時

　面接時は,先ほど述べたように,「情報収集」と「重要事項の説明」および「契約」を行います。それに加え,利用者や家族との信頼関係が築けるように努めます。詳しい内容は前述したので省きますが,情報収集の際には,利用者家族に過度な負担をかけないように配慮すべきです。

　ショートステイの利用者は,デイサービスや訪問介護サービスといった他の介護サービスを利用していることも考えられます。それぞれのサービスが,利用前に重要事項の説明などを行う必要があるため,その都度事前面接を経験していることになります。そうした状況を考えると,情報収集も内容を絞り,負担をかけないように配慮すべきです。具体的には,資料を下読みした上で,疑問点や確認したい点を中心に聞き取るようにします。

③面接後

　面接後は,事前に収集した資料内容と実際に見聞きした面接内容を照らし合わせ,書類（面接記録）を作成します。事前面接で得た情報は,最終的には利用中のサービス提供に活用されなければなりません。生活相談員だけではなく,現場職員（介護職員,看護職員など）にも伝達する必要があります。そのため,面接内容を文書化しておく必要があります。

　文書化における留意点としては,単に在宅での介護状況を書くだけではなく,利用者が施設を利用した時に,施設でどのような支援を行うかを付記しておくことです（**資料6**）。そうすることで,その後の個別援助計画の作成にもスムーズにつなげることができます。

資料6　事前面接アセスメントの記録例

○○○○様

【介護者】
- 妻（○○さん）が主介護者。　・現在，妻と二人暮らし。
- 近所に住む長女（○○さん）が，随時訪問し，支援している。

【今回の利用理由】
- 主介護者の入院（白内障手術）のため。
- 家族によると，これを機会に，本人が慣れれば，定期利用につなげたいという。　←（今後の見通しも記録しておく）

【既往歴】
- アルツハイマー型認知症

【意思疎通】
- 視力　⇒　日常生活に支障ない　　・言葉　⇒　会話は難しい。認知症による独語がみられる
- 聴力　⇒　やや難聴　　　　　　　・認知症自立度　Ⅳ

【移動】
- 障害高齢者の日常生活自立度　C2　　・両下肢に拘縮があり，歩行は不可。立位もできない。
- 端座位は可能。　・ホームでは，車いす（介助型）を使用する。移動は全介助。
- ホームでは，食事時のみ離床する。それ以外の時間は，ベッドで臥床する。
- ☆車いすは本人が持参する。　←（車いすが私物かホームの物かを明確にする）

【食事】
- 食事形態は，主食が全粥，副食が刻み食。
- 食事動作は，全介助が必要。
- 自宅では，ベッド上でギャッジアップしているが，ホームでは食事中は，離床しても問題ない。　←（ホームでどう対応するかを記載する）

【排泄】
- 昼夜，紙おむつにパッドを使用。　・尿意・便意はみられず，おむつ交換による対応となる。
- 自宅では，1日4回くらいの交換回数である。
- 自力排便が難しいので，訪問看護師による摘便を受けている（月曜日，金曜日）。
- 今回のショートステイでは，ホームでの摘便は不要。

【入浴】
- 特殊浴槽での対応となる。　・洗身・着脱ともに全介助が必要。
- 自宅では，通所介護（火曜日，木曜日）と訪問入浴（土曜日）による入浴である。　←（自宅で何曜日に入浴しているかを記載する）

【看護処置】
- 内服が処方されている。　・摘便（火曜日，金曜日）　※ただし，今回のショートステイでは不要　←（ホームで看護処置が必要かを記載する）

【主治医】
- A病院　内科　○○医師　　TEL○○○－○○○○
- 平成○年に，誤嚥性肺炎のため，B病院に入院歴がある。

【ケアマネジャー】
- C居宅介護支援事業所　○○さん　TEL○○○－○○○○

【介護サービス状況】
- 訪問介護（D事業所）〈月～金の朝・夕〉　・通所介護（G事業所）〈火・木〉
- 訪問看護（E事業所）〈月・金〉　　　　　・ショートステイは，今回が初めてである。　←（ショートステイの経験があるかを記載する）
- 訪問入浴（F事業所）〈土〉

【送迎方法】
- 送迎時は，ベッドから車いすまで移乗介助する。　・迎えは9：30頃，送りは16：00頃。　←（何時頃，送迎を行うかを記載する）
- 玄関にはスロープが設置されている。

【その他】
- 部屋は，個室を希望。夜間に独語がみられるため。
- 自宅では，エアマットを使用している。ホームでもエアマットを使用する。
- 以前は，認知症による徘徊や弄便がみられたが，約1年前から急速にADLが低下し，現在では終日寝たきりの状態である。
- 支払方法は，現金精算にて。　←（支払い方法が，現金精算か口座引き落としかを記載する）

【緊急連絡先】
①自宅　TEL○○○－○○○○　　②長女の携帯　TEL○○○－○○○○－○○○○　←（電話をかける順番に留意する）

平成○年○月○日
長女より聞き取り　生活相談員：○○

Column コーヒーブレイク

⑥マエストロのつぶやき？

　ふと，生活相談員は，他のどのような仕事に近いのか考えることがあります。一つは，別のコラムにも書きましたように「コンシェルジュ」の仕事に重なる部分があると思います。その他には，「指揮者」の仕事も，重なる部分があるように感じています。もちろん，オーケストラを束ねる指揮者と，施設のソーシャルワーカーでは，一見似ても似つかないと思われるかもしれませんが，似ている部分もあります。それは，専門の職業人に対し，「指示」を出す立場にある点です。

　指揮者であれば，ヴァイオリンをはじめ各楽器の奏者に対し，楽譜に書かれている作曲者の意図や，自分の考える曲のイメージを「指示」していきます。生活相談員は，看護師，介護福祉士，管理栄養士，理学療法士などの専門職に対し，利用者や家族のニーズを汲み取った上で，施設での実践に対し「指示」を出すことがあります。分野は全く違いますが，高度な専門性を備えた職業人を相手に仕事をしていることは共通しています。

　世界的な指揮者の小澤征爾氏は，オーケストラに「指示」を出す際の留意点について，次のような発言をしています。

　「ええ，ひとりよがりでは困るんですね。要するに，ぼく自身は指揮者で，音は一つも出さないわけでしょう。音を出すのは楽団員さんみんなというわけです。そうすると，指揮者がひとりよがりしていたんじゃ，楽団員さんが一番困っちゃうわけですよ」

　マエストロ（巨匠）の言葉で印象に残るのは，指揮者は「音」を一つも出さないため，独善的な振る舞いは慎まなければならないという点です。自分だけが分かったつもりで「指示」を出し続ければ，楽団員がついていけなくなり，混乱をまねくことにもなりかねません。結果的に，指揮者に対する信頼も低下することになるのでしょう。

　一方，生活相談員も，基本的には直接的な「援助（介護）」は行いません。実際に「援助」を行うのは現場の職員です。自らが「援助」を行わない立場にある以上，マエストロの言葉にあるとおり，「ひとりよがり」にならないように気をつけたいものです。

【参照】小澤征爾大研究，春秋社，1990．

6．ショートステイ利用者の個別援助計画の作成

ショートステイでも他の介護サービスと同じように，個別援助計画（短期入所生活介護計画）の作成が必要とされています[*4]。

第129条　指定短期入所生活介護事業所の管理者は，相当期間以上にわたり継続して入所することが予定される利用者については，利用者の心身の状況，希望及びその置かれている環境を踏まえて，指定短期入所生活介護の提供の開始前から終了後に至るまでの利用者が利用するサービスの継続性に配慮して，他の短期入所生活介護従業者と協議の上，サービスの目標，当該目標を達成するための具体的なサービスの内容等を記載した短期入所生活介護計画を作成しなければならない。

2　短期入所生活介護計画は，既に居宅サービス計画が作成されている場合は，当該計画の内容に沿って作成しなければならない。

3　指定短期入所生活介護事業所の管理者は，短期入所生活介護計画の作成に当たっては，その内容について利用者またはその家族に対して説明し，利用者の同意を得なければならない。

4　指定短期入所生活介護事業所の管理者は，短期入所生活介護計画を作成した際には，当該短期入所生活介護計画を利用者に交付しなければならない。

※指定居宅サービス等の事業の人員，設備及び運営に関する基準（平成十一年三月三十一日厚生省令第三十七号）

ただし，ショートステイについて言えば，概ね4日以上連続して利用する利用者に対して作成するように定められています[*5]。

「相当期間以上」とは，概ね4日以上連続して利用する場合を指すこととするが，4日未満の利用者にあっても，利用者を担当する居宅介護支援事業者等と連携をとること等により，利用者の心身の状況等を踏まえて，他の短期入所生活介護計画を作成した利用者に準じて，必要な介護及び機能訓練等の援助を行うものとする。

※指定居宅サービス等及び指定介護予防サービス等に関する基準について（平成11年9月17日老企第25号）

---

*4　「指定居宅サービス等の事業の人員，設備及び運営に関する基準」129条（短期入所生活介護計画の作成）を参照。
*5　「指定居宅サービス等の事業の人員，設備及び運営に関する基準」128条の2，および「指定居宅サービス等及び指定介護予防サービス等に関する基準について」（平成11年9月17日厚生省老人保健福祉局企画課長通知）第3・八・3・(4) に記されている。

図7　ケアプランと個別援助計画の関係

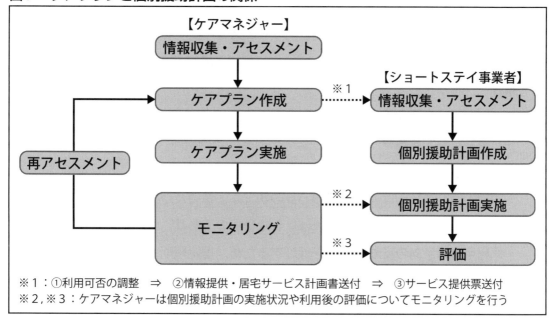

※1：①利用可否の調整　⇒　②情報提供・居宅サービス計画書送付　⇒　③サービス提供票送付
※2，※3：ケアマネジャーは個別援助計画の実施状況や利用後の評価についてモニタリングを行う

　計画の作成に関しては，特養や老健のような介護保険施設と違い，計画担当介護支援専門員（施設ケアマネジャー）の配置が必須ではありません。つまり，計画作成担当者を誰にするかは，各施設の裁量に任されています。実質的には，ケアマネジャーの資格を持つ職員あるいは生活相談員（資格の有無にかかわらず）が作成していることが多いようです。

1）個別援助計画の位置づけ

　ショートステイの個別援助計画は，他の介護サービスと同じく，ケアマネジャーの作成する居宅サービス計画書（以下，ケアプラン）に基づいています。ケアプランと個別援助計画の関係を示すと**図7**のようになります。**図7**をみると，ケアプランと個別援助計画は連動していることが分かります。具体的には，「居宅サービス計画書（2）」にある「長期目標」および「短期目標」を，個別援助計画に転記することから始まるとされています。特に，より具体的な内容が示された「短期目標」との関連が重要となります。

2）個別援助計画に盛り込む内容

　個別援助計画に盛り込む内容について，次に示す「指定居宅サービス等及び指定介護予防サービス等に関する基準について」を手がかりに整理してみましょう。

> **指定居宅サービス等及び指定介護予防サービス等に関する基準について**
>
> （平成11年9月17日老企第25号）
>
> 第3　介護サービス
>
> 八　短期入所生活介護
>
> 3　運営に関する基準
>
> （5）短期入所生活介護計画の作成
>
> ③短期生活介護計画はⒶ利用者の心身の状況，Ⓑ希望及びⒸその置かれている環境を踏まえて作成されなければならないものであり，サービス内容等へのⒹ利用者の意向の反映の機会を保証するため，指定短期入所生活介護事業所の管理者は，短期入所生活介護計画の作成にあたっては，その内容等を説明した上で利用者の同意を得なければならず，また，当該短期入所生活介護計画を利用者に交付しなければならない。
>
> ④短期入所生活介護計画の作成に当たっては，居宅サービス計画を考慮しつつ，Ⓑ利用者の希望を十分勘案し，Ⓔ利用者の日々の介護状況に合わせて作成するものとする。
>
> ※下線および番号は筆者

　この条文によれば，個別援助計画の作成にあたり，Ⓐ利用者の心身の状況，Ⓑ（利用者の）希望，Ⓒ（利用者の）置かれている環境，Ⓓ利用者の意向，Ⓔ利用者の日々の介護状況，を盛り込むことが指示されています。その中で，ⒷとⒹは同じ内容と解釈できるため，実質的には「利用者の心身の状況」「利用者の希望」「利用者の置かれている環境」「利用者の日々の介護状況」の4領域となります。そのため，個別援助計画を作成する上では，これらの領域を踏まえたアセスメントを行う必要があります。

3）個別援助計画の作成

　計画作成者は，アセスメントの内容に基づき，個別援助計画を作成することになります。計画書の書式は指定されているわけではありません。特養で使用している書式をアレンジしても構わないでしょう[*6]。筆者は，**資料7**に示した書式を個別援助計画として使用しています。この書式を，各利用者のケース台帳の一番前の

[*6]　この点については，各自治体で指導内容に幅がありますので，心配な場合は，指導担当者に確認をするのが良いと思われます。

資料7　個別援助計画書

○○○○様

短期入所生活介護計画書（援助内容の確認）

> 「援助内容の確認」と併記することで，計画だけではなく，サービス内容の確認を兼ねていることを示す

【要介護度】
・要介護2　（平成○年○月○日〜平成○年○月○日）

【短期目標】※居宅サービス計画書（2）より転記
　①介護者の負担の軽減　　②残存機能が低下しない　　③安全に過ごせるようにする

【計画の有効期間】
・平成○年○月○日〜平成○年○月○日　（作成日：平成○年○月○日）

> ケアマネジャーの作成する居宅サービス計画書（2）から短期目標を転記する

【移動】
・長距離の移動は，車いす（本人持参）を使用する。
・トイレ誘導時は，手引き歩行にて移動する。
・立位時やベッドからの移乗の際に，転倒がないように見守りを行う。

> 短期目標②③の内容を，援助内容に練り込む

【食事】
・食事形態は，普通食。好き嫌いは特にない。
・食事動作は，箸とスプーンを併用し，自力摂取が可能。

【排泄】
・紙パンツ（Mサイズ）とパッドを使用する。
・本人の訴えの際，トイレまで手引き歩行で誘導し，ズボンの上げ下げを介助する。

【入浴】
・特殊浴槽を使用する。　　・洗身・着脱は，一部介助を行う。

【送迎方法】
・送迎職員が，ベッドから車いすへの移乗介助を行う。
・家族が留守の場合は，施錠の確認を行う。

> 短期目標①を意識し，介護者の負担軽減に絡めた記載をする

【特記事項】
・部屋は個室（テレビ付き）を用意する。夜間は，ポータブルトイレを設置する。
・レクリエーションや体操時には，声かけをし，参加を促す。
・ショートステイ利用時には，ラジカセ（CD）を持参する。

> 本人の希望についても記載する

〈作成者〉　　　　　○○○○（生活相談員）
〈説明・同意日〉　平成○年○月○日
〈署名・捺印〉　　　　　　　　　　　㊞

ページに綴じています。職員が一目で見やすいことと，個別援助計画作成にかかる業務の効率化のため，基本的にA4サイズ1枚程度にまとめるようにしています。

　前述したように，個別援助計画はケアプランと連動しています。具体的には，「居宅サービス計画書（2）」にある「長期目標」と「短期目標」を個別援助計画に転記することから始まります。中でも，「短期目標」が重要であり，その内容を施設で提供するサービス内容に置き換えていくことになります。

　ただし，ケアプラン上のショートステイの「短期目標」は，**資料7**にあるように，「介護者の負担の軽減」や「残存機能が低下しない」「安全に過ごせるようにする」といった具体性に欠ける内容が記載されていることが多いです。そのため，計画作

成者には，ケアプランに書かれた内容を咀嚼して，支援内容に練り込んでいく作業が求められます。

　例えば，「安全に過ごせるようにする」といった「短期目標」であれば，「移動」の項目において，「立位時やベッドからの移乗の際に，転倒がないように見守りを行う」と記すことで，安全面への配慮を示唆していることになります。また，「介護者の負担の軽減」に対しては，「送迎方法」の項目において，「送迎職員がベッドから車いすへの移乗介助を行う」と記すことで，家族の負担を減らそうという姿勢を示していることになります。

　大切なことは，ケアプランにおけるショートステイの「短期目標」が，個別援助計画のどこに該当するかを意識して作成することです。繰り返しますが，ケアプランにおけるショートステイの「短期目標」はあいまいに書かれている場合も多いため，ケアプランと個別援助計画を連動させる際，計画作成者が頭を悩ませることも事実です。そのため，計画作成者には，ケアプランの内容を理解し，咀嚼した上で，個別援助計画に「練り込む」作業が求められます。

　また，計画に基づいた実践は，経過記録として**資料8**のように記録しています。

4）評価の実際

　ショートステイの利用後，サービス内容や利用者の状態を評価する必要があります。評価に関する書式も，特に定められたものはありません。筆者の勤務する施設では**資料9**のような書式（退所時連絡票）を用いています。これは，あくまでも家族向けの書式ですが，施設側のサービス評価の書式としても有効です。

　その一方で，ケアマネジャーもケアプランのモニタリングを行う必要があります。そのモニタリングの過程で，ケアマネジャーから書面で利用者の状態評価を報告してほしいと依頼されることがあります。こうした場合，筆者は**資料9**をコピーして送付することにしています。もちろん，それぞれの用途に応じた書式を作成しても構いません。しかし，業務の効率化を考えると，同じ書式を代用することも方法の1つと言えます。

7．送迎サービスの役割と実際

　送迎サービスは，サービス内容の必須項目ではありませんが，現実には多くの施設が実施しているサービスです。送迎担当者については，法令に明記されているわ

資料8　経過記録表

月/日	経過
平成20年 4月12日	初回利用後，帰宅後の様子を家族（夫）に電話で確認した。 まず，施設での利用者の様子を伝えた。 家族によると「帰ってきた時は，少し混乱している様子であったが，すぐに元に戻った。体調も特に問題ない。また今後も利用したい」ということであった。
5月20日	ケアマネジャーより，以下の報告が入る。 現在利用しているデイサービスの職員から，入浴時の血圧について，主治医に確認してほしいという依頼があった。ショートステイでも参考になると思われるので，その内容を連絡する。 「収縮期血圧が200でも入浴は問題ない。入浴することにより，血管が拡張し血圧が下がるため，血圧にこだわる必要はない」（主治医より） <u>以上の内容を，担当ケアワーカーおよび看護師に連絡した。</u>　　〔得られた情報を施設のスタッフにフィードバック〕
7月30日	ケアマネジャーより，以下の連絡が入る。 自宅でポットのお湯をこぼし，大腿部をやけどした。 看護処置の必要はないが，入浴を中止し， 清拭で対応してほしいとのこと。 <u>以上の内容を，担当ケアワーカーに伝えた。</u>
9月2日	サービス担当者会議に参加する。○○デイサービスにて（14：00〜14：30）。 デイサービスの職員から「入浴に強い拒否がみられるため，ほとんど入浴できていない状況である」と説明がある。 ケアマネジャーから「ショートステイでの入浴状況」を尋ねられたため，「ショートステイでも入浴拒否はみられるが，時間を置いて対応することで，何とか入浴してもらっている」と回答する。 家族から「本人は，ショートステイに行くことは，あまり気が進まないようだ」と発言がある。 ケアマネジャーから「介護は長丁場であり，介護者が休む期間も必要である。月に1回くらいはショートステイを利用する方がよいと思う」と説明があった。 なお，ケアマネジャーより配布された <u>居宅サービス計画書については，ケース台帳の最後に添付する。</u>　　〔居宅サービス計画書をケース台帳に添付したことを記載〕
12月3日	現在，施設で胃腸炎が流行しているため，感染の可能性などについて，事前に家族に説明した。 それに対し「予定どおり，ショートステイを利用したい」という返答があり，明日からショートステイを利用することになる。
平成21年 2月4日	送迎時，送り出し担当のホームヘルパーより，次のメモを渡された。 その旨，担当ケアワーカーに連絡する。 〔メモを貼り付ける〕 身体に触れることに強い拒否があったため，紙パンツを交換することができませんでした。よろしくお願いします。 　　　　　担当ヘルパー○○　2月4日
2月20日	○○市介護保険課・認定調査員○○氏より，介護認定にあたり施設での利用者の様子を教えてほしいと依頼がある。 ケース記録などを参照し，情報提供を行った。
3月17日	サービス担当者会議に参加する。○○デイサービスにて（14：00〜14：30）。 3月から，要介護度が4に変更となる。 デイサービスやショートステイを利用することで，徐々に認知症の症状が穏やかになってきたようだ（家族談）。 風船を極度に怖がることがある（デイサービス職員談）。 家族から「今後も今利用している介護サービスを継続していきたい」との発言が聞かれた。 ケアマネジャーから配布された居宅サービス計画書を，ケース台帳の最後に添付する。

口村淳：ショートステイにおける相談業務と記録の活用方法，支援・生活相談員，Vol.2, No.2, P.81, 2011.

資料9　ショートステイ退所時連絡票

ショートステイ退所時連絡票	平成○年○月○日　記入

ご利用者名	○○○○様
ご利用期間	平成○年○月○日　～　平成○年○月○日

ご利用中の状況	
日中のご様子	レクリエーションや集団体操にも積極的に参加されました。居室でテレビを観て過ごされることが多いようでしたが，食事時などには，食堂にて他者と談話される姿もみられました。
夜のご様子	トイレに起きてこられる以外は，良眠されていました。
食事や水分の摂取状況	食事摂取量は，毎食，ほぼ全量を召し上がっておられました。水分は，食事時以外にも，こまめに摂取していただくよう声かけをしました。
入浴された日	○日，○日　　　　入浴方法　　（一般浴）・リフト浴・特浴
排便された日	ご本人に確認したところ，○日に中等量の排便がみられたようです。
本日の体温	36.4℃　測定時間　○○：○○　　　本日の血圧　135／86　測定時間　○○：○○
健康面・処置の内容	特に異常はみられませんでした。内服については，指示どおり服用していただきました。 看護師：○○○○
ご家族への連絡事項	下着（下）の枚数が少ないようでしたので，次回ご利用時は，もう1枚多めにご持参いただけると有難いです。

記入者（ケアワーカー）：○○○○

ご利用中のご様子は上記のとおりです。またのご利用を，心よりお待ちしております。

○○ショートステイ　TEL○○○－○○○○

けではありません。筆者の行ったアンケート調査では，生活相談員の半数以上が，送迎を「中心的に行っている」との回答がみられました（口村，2013）。この結果をみる限り，送迎サービスは生活相談員にとっても欠かすことのできない業務と言えるでしょう。そこで，送迎サービスの持つ意味や具体的な業務内容について説明します。

1）送迎業務の3つの役割

送迎業務には，次の3つの役割があると考えられます。

送迎業務の役割
①移動手段の保障　　②情報収集　　③コミュニケーション

①**移動手段の保障**

　自宅と施設の移動の支援は，送迎業務の最も重要な部分と言えます。例えば，車いすを使用している利用者がショートステイを利用する場合，車両に乗車するにも介助が必要となります。通常，一般的な自家用車しか保有していない家族にすれば，利用者を自家用車に移乗するだけでも大変なことです。介護タクシーを手配する方法もありますが，相応の料金がかかります。

　それに対し，ショートステイの送迎サービスは，「送迎加算」として介護保険の範囲内で対応できます（ただし，施設によっては距離による追加料金を徴収しているところもあります）。専用車両を使用し，施設の職員が送迎を行える点，それに加え，経済的な面を考慮すれば，「移動手段の保障」は利用者や家族にとっても有効なサービス内容と言えるでしょう。

②**情報収集**

　送迎の機会を利用し，情報収集を行います。先述したように，情報収集は初回の事前面接でも行われますが，それだけでは不十分と言えます。利用者の状態は変化するものであり，初回面接時だけでは情報の「鮮度」が落ちてきます。とは言え，そう度々家族に出会う機会を設けることは，現実的には難しいでしょう。家族が用事で出かけている場合，家族が仕事をしている場合なども考えられるからです。

　職員が家族に出会うことが容易ではない中，送迎を行うことは家族に出会えるチャンスでもあります。認知症などで利用者に確認しても明確な返答が得られない場合，家族からの情報提供は重要です。その意味でも，送迎サービスは，職員側にすると情報収集のツールとしても大切な役割を担います。

③**コミュニケーション**

　これは，送迎車内での利用者との会話，自宅での家族との会話を指しています。送迎におけるコミュニケーションは，次の2つの意味で重要です。1つは，利用者の不安を和らげる役割があります。利用者の中には，施設に行くことに不安を抱いている人もみられます。こうした場合，車内で会話をしているうちに，多少でも気が紛れ，緊張が和らぐこともあります（ただし，無理に会話をしようとして，利用者に気を遣わせるようなことがあってはいけません）。

　もう1つは，家族との適切な応対ができることで，ショートステイの印象が良くなる可能性があることです。特に，退所時の送迎では，利用者の施設での過ごし方や状態を，家族に丁寧に伝えることが大切です。「終わりよければすべてよし」で

はありませんが，ショートステイにおけるサービスの最後部にあたる「送迎」で，家族への応対がしっかりできれば，サービスに対する家族の印象もアップするはずです。

このような点からも，送迎におけるコミュニケーションは，大切な役割を担っていることが理解できます。

2）配車業務と送迎業務

送迎業務は，主に「配車業務」と「送迎業務」に大別できます。「配車業務」は，施設の保有する車両と，送迎に携わる職員をコーディネートし，利用者の希望する時間帯に送迎サービスが提供できるようにする業務です。施設の事情によって，この業務の内容は異なります。送迎に使える車両の台数および職員（運転手や添乗員）の人数は，それぞれ違うからです。

配車を行う際には，限られた資源を駆使した上で，なおかつ利用者の個別事情に応えていく必要があります。例えば，ベッドからの移乗介助が必要な人，認知症の影響で突然車外に出ようとする人，到着時間に厳しい人，ホームヘルパーとの待ち合わせのある人，車酔いのある人，玄関に段差があるがスロープが使えない人などです。こうした事例の中には，通常，1人の職員で対応している場合でも，複数名の職員で対応しなければならない場合もあります。これらの点も，配車を行う際に考慮すべきポイントです。

次に，「送迎業務」とは，実際に利用者の搬送（利用者を車両に固定する，車両を運転するなど）を行うことですが，その第一のポイントは，言うまでもなく「安全運転」です。交通事情などで多少の時間の遅れが生じても，何より安全運転を心がけなければなりません。それを踏まえた上で，運転スキルの標準化が必要となります。送迎職員が複数いる場合，運転技術などに個人差がみられます。運転業務を管理する立場からすれば，レベルを一定に保つために，次の3つの方法を提案できます。

1点目は，新規利用者の自宅を「下見」することです。運転職員はリピーターであれば，地図を見ずとも利用者宅にたどり着くことができるでしょう。しかし，新規の場合，自宅が分からないため，地図を見ながら運転することにもなりかねません。そこで，あらかじめ運転職員に新規利用者宅を「下見」させ，当日は地図なしでも送迎ができるように準備しておくことです。それにより，利用当日でも余裕を

持って迎えにいくことが可能となります。

　2点目は，送迎職員間の「ミーティング」を行うことです。送迎を行う中で，危険な道路や送迎上の問題点などを話し合い，改善につなげることが大切です。併せてミーティングでは，利用者や家族への接遇やコミュニケーション方法についても話し合っておくとよいでしょう。

　3点目は，現場職員（介護職員や看護職員）に対する接し方について指導することです。送迎サービスは，情報収集の役割があることは先述しました。ただし施設によっては，送迎業務を，運転専門の職員が行う場合があります。筆者の見聞きした中では，ショートステイの送迎職員には，定年後の男性（おおむね60歳以上）を雇用している施設が多いようです。中には，福祉施設の勤務経験がない人もいます。こうした場合，送迎運転手と現場職員（介護職員や看護職員）との連携が問題となります。家族からうかがった情報を，しっかりと現場職員に伝えられなければ，情報収集の意味がないからです。こうした事態を防ぐためにも，送迎運転手も同じ施設の一員であるように意識づけ，最低限の職員間のコミュニケーションを円滑に行えるように，普段から指導しておく必要があります。

8．生活相談員の業務に対する姿勢

　これまでに生活相談員の業務内容について，具体的に述べてきました。ここでは，ショートステイの生活相談員の業務に対する「姿勢」について解説します。

1）事務的ミスを減らす

　先述したように，生活相談員は「ゲートキーパー」の役割を担うため，施設内外の関係者から「信頼」を置かれる必要があります。「ゲートキーパー」が不信感を持たれるようでは，施設に対する評判が揺らぐことにもつながりかねません。では，生活相談員が信頼を得るには，どうすればよいのでしょうか。1つの方法として，事務的なミスを減らすことが挙げられます。事務的なミスが多いと，関係者はその人に不信感を抱くようになります。

　生活相談員の仕事は，対人援助から事務作業まで多岐に及びます。中でも，事務作業のミスは極力減らすべきです。なぜなら，事務作業のミスは，努力次第でなくすことができるからです。

　相談業務や運転業務は，相手があってのことであり，思わぬ方向に事態が進むこ

図8 事務的ミスを減らすチェック方法

```
利用期間の確認（筆者の勤務する施設を例に）
【3カ月前】
    ①仮予約：ケアマネジャーより，3カ月前の月初に「予約」が入る
              電話の内容をメモする
    ②居室の調整：予約を調整した後，予約がとれた旨をケアマネジャーに電話する
    ③予約成立：ケアマネジャーより，正式にファックスしてもらう
                          ⇒ チェック1（メモとファックスの照合）
【1カ月前】
    ④サービスの確定：1カ月前に「サービス提供票」が送付されてくる
                          ⇒ チェック2（ファックスとサービス提供票の照合）
    ⑤施設内での周知：各フロアに伝票（日程）を配布する
【利用前日】
    ⑥前日確認：前日に利用者・家族に電話する
                          ⇒ チェック3（利用者・家族への直接確認）
【利用当日】
    ⑦当日確認：当日の朝，各フロア，管理栄養士，送迎スタッフに確認する
                          ⇒ チェック4（受け入れ窓口と各フロアとの確認）
```

ともあります。いくら努力しても，完全にコントロールするのは難しいからです。その点，事務作業は，自分の心がけ次第で改善が可能な領域と言えるでしょう。「ゲートキーパー」である生活相談員は，施設における情報の発信源と言えます。最初の情報に誤りがあれば，その後に続く職員の業務に次々と支障が生じます。その意味でも，「川の上流」に位置する職員ほど，ミスは避けたいものです。

では，ミスを減らすにはどうすればよいのでしょうか。結局，何度もチェックを行うことが最良の方法と思われます。具体的には，複数名でチェックする，それが難しい場合は，1人で何度もチェックすることです。例えば，利用期間の確認について，筆者が行っている方法を**図8**に示します。利用期間の確認だけでも，チェックの目が4回入ります。複数の職員で行うことが理想ですが，現実的にもう1人職員を配置することは難しいでしょう。それならば，1人で行う場合でも，何度もチェックする習慣を身につけることが大切です。とは言え，人間の行うことですから，完璧というわけにはいきません。あくまでも完璧を目指して努力することが重要です。こうした積み重ねをすることで，「あの人だからミスするだろうな」から「あの人がミスするなんて珍しい」と言われるようになるのです。

2）論理と情理のバランス

　筆者は，ショートステイの生活相談員の心構えで，最も大切なのは何かと問われれば，「バランス感覚」であると答えます。何のバランス感覚かと言えば，「論理」と「情理」のバランスです。ここでは，「論理」を「契約の履行」，「情理」を「職員の感情」とします。例えば，次のような事例があります。

> 初回利用における認知症のある男性利用者の事例。介護職員がおむつ交換を行おうとするが，つねる，噛むなどの抵抗がみられた。多床室では，他の利用者への影響が強いことから，急遽，個室に移動してもらった。ただし，歩行が困難であるにもかかわらず，ベッドから降りようとする行為がみられるため，畳を敷いて対応した。その後，居室のドアを破壊する行為がみられた。

　上記のような支援が難しい事例に遭遇すると，現場職員（介護職員，看護職員など）からは生活相談員に対し，「事前の情報に問題行動は書かれていなかった」「家族に電話して対応方法を確認してほしい」「特定の利用者だけマンツーマンでついていられない」といった「批判」の声が寄せられることがあります。施設長や管理者レベルになると，こうした現場レベルでの鍔迫り合いは，なかなか見えないものです。これは，窓口担当である生活相談員と，実際にお世話をする立場にある現場職員の間の問題なのかもしれません。

　先ほどの事例を通して，次のようなことが言えます。1つは，「支援が難しい利用者」を積極的に受け入れると，職員から「クレーム」が聞かれるということ。もう1つは，「支援が難しい利用者」の受け入れを拒否し続けると，地域での評判が落ちる，ということです。どちらにも，相応の理由があります。かといって，生活相談員がどちらかに偏ってしまうと，施設全体のマネジメントに支障を来すことにもつながります。こうした点に，生活相談員の「バランス感覚」が求められるのです。

　「論理」と「情理」のバランスの問題に，明快な解決策があるわけではありません。各施設の個別事情が関係しているからです。現場職員が欠員しているため，稼働率を抑え気味にしてでも，職員の負担を少なくしようという施設もあることでしょう。一方で，稼働率に重点が置かれ，どんどん新規利用者を増やしていこうとしている施設もあることでしょう。ある施設で行われている実践が，別の施設で通用するとは限らないのです。大切なことは，「論理」と「情理」の偏りをなくし，状況に応じた判断をした上で，利用者と施設の双方の利益にかなうよう調整していくことです。

3）ネットワークの活用

　ショートステイの生活相談員は，施設内でも「孤立」しやすい立場であるという声を耳にすることがあります。生活相談員が孤立しやすい理由の1つは，少数の配置である点が考えられます。職員配置基準では，利用者数が100人以内であれば生活相談員は1人以上必要とされていますが，現実的に複数名配置しているところは少ないでしょう。第2章のP.37で述べたように，兼務をしている施設も多くみられるからです。そのため，同職種で仕事の相談相手を探すことは難しいと言えます。

　もう1つの理由は，窓口担当としての責任が重く，現場職員からの「目」が厳しい点が挙げられます。先ほどの事例のように，支援が難しい利用者でも，福祉施設の使命として前向きに受け入れることもあるでしょう。ただし，支援困難な利用者を受け入れる場合，現場職員からは，より厳しい視線が注がれることは覚悟した方がよいと思います。こうした板挟みの状況からも，生活相談員は精神的に孤立しやすい傾向があると言えます。

　そこで，生活相談員の孤独感を解消するために，相談員間のネットワークを活用することを提案します。たとえ施設内に相談相手がいなくても，他の施設まで範囲を広げると相談相手は必ず存在します。1つの方法として，近隣地域で生活相談員の勉強会や情報交換の機会をつくってはどうでしょうか。あるいは，同一法人の別の施設でもよいでしょう。開催頻度は，月に1回や2カ月に1回でもよいと思います。まずは一度顔合わせしてみることです。すると，その後は，電話連絡や相談などがスムーズにいきます。確かに，「ライバル」施設と情報交換はできるのかという疑問は残りますが，筆者の経験では，ほとんどの場合，近隣施設も「ライバル」というよりは，気軽に相談できる仲間を求めている相談員が多いように感じます。ショートステイの生活相談員として，複数の相談相手とつながっており，孤立していないという気持ちがあるだけでも，仕事に対する姿勢は変わってくると思います。

4）「狭く」から「広く」へ

　生活相談員は，施設の「ゲートキーパー」の役割があることは先述しました。「ゲートキーパー」が目指すショートステイ受け入れの方向性は，「狭く」から「広く」ということです。ここでいう「狭く」とは，制限することを，「広く」とは，許可することを意味します。

　次に事例を1つ紹介します。

> ケアマネジャーより，アルコール依存症の既往があり，過去に他傷行為のみられた利用者のショートステイ利用可否の相談が入る。ケアマネジャーによると，既往歴等を説明した時点で，複数の事業所（ショートステイ）から利用を拒否されたという。そのため，当該利用者は介護サービスが利用できず，家族の介護負担やストレスが大きい。ただし，ケアマネジャーや家族の話では，現在症状は落ち着いており，他者への危害の可能性は低いということであった。

　「アルコール依存症」や「他傷行為」という履歴が書類に書かれている時点で，複数の施設から受け入れを拒否された事例です。ショートステイは集団生活であるため，他の利用者に迷惑のかかる行為がみられる利用者の受け入れは敬遠したいという施設側の気持ちも理解できます。大切なことは，現時点でも症状は継続しているかという点です。上記の事例の利用者は，その後当施設のショートステイを利用することになりましたが，一度も他傷行為やアルコール依存による症状はみられませんでした。結果的に，毎月定期的にショートステイを利用することになりました。この事例からも分かるように，書面に記載されている情報だけで，受け入れ可否の判断をすることは避けなければなりません。

　「広く」というのは，その施設の「実力」を表しています。同じショートステイでも，「敷居が高い」ところと，「敷居の低い」ところがあるのは事実です。例えば，医療依存度の高い人の受け入れに前向きな施設がある一方で，消極的な施設もあります。かつて筆者がインタビュー調査した施設の中で，「他施設が敬遠する傾向のある医療依存度の高い利用者を受け入れることで，現場職員のレベルが向上することがある。だから，あえて医療依存度の高い利用者を積極的に受け入れている」という生活相談員に出会ったことがあります。支援が難しい利用者の受け入れに挑戦することは，施設職員にとって業務上の負担が大きいのは事実です。しかし，それを乗り越えていく中で，職員が鍛えられ，振り返れば，施設全体のレベルアップにつながるというメリットが得られることもあるのです。その意味でも，生活相談員としては，可能な限り「狭く」から「広く」を心がけることが大切と言えます。

Column コーヒーブレイク ⑦生活相談員として長く務めるには…

　これまでに，生活相談員の情報交換会や勉強会（研修など）に幾度となく参加する機会がありました。こうした勉強会に参加して思うことは，生活相談員の「入れ替え」が多いということです。筆者より後に入職した人が，先に辞めていくというケースはざらにあります。つまり，在職期間が短いのです。中には，生活相談員から管理職に出世したというパターンもあります。そういう「喜ばしい」ケースはさておき，問題は離職，転職を余儀なくされるケースを目にすることです。別のコラムにも書きましたが，生活相談員は他職種から「批判」を受けやすい立場にあることも無関係とは言えないでしょう。

　筆者がソーシャルワーカーとして，いつも心に留めている言葉があります。

　「ことにソーシャル・ワーカーは自分の規準を他人に推しつけてはならない。もちろん，老人がまったく無視され，危険のあるときは，行動を起こさなければならないが，あまり早めに干渉することのないように心得るべきである」

　「ソーシャル・ワーカーは自分の意見はまったく殺しても，人と人とをつなぐ役目が本職であることを夢忘れてはならない」

　これは『デイ・ケアのすすめ』という書籍の中からの引用です。著者の吉田壽三郎氏（故人）は，老年学を専門とする医師（医学博士）です。いわば，他の専門職からみたソーシャルワーカーの「あるべき姿」を言い表していると言えるでしょう。

　福祉系の専門職としては，日頃，福祉系の研究者が書いた文献を読んで，実践の糧とすることが多いのではないでしょうか。そこには当然，自らの専門性に焦点を当てた内容が開陳されています。ソーシャルワークの専門性を確立するという使命は重要です。ただし，それを実践の中で強調するあまり，他職種と摩擦を起こしては本末転倒となります。生活相談員としての在職期間が短い（？）ことも，他職種との関係が影響している可能性は否定できません。ソーシャルワーカーが職場で燃え尽きないためにも，吉田氏の言葉は，胸に響くものがあります。

　【参照】吉田壽三郎：デイ・ケアのすすめ，ミネルヴァ書房，1980．

第2章のまとめ

◎ショートステイの生活相談員の悩み

調査結果によると,第1位は「業務量の多さ」,第2位は「役割が不明確」,以下,「利用者・家族対応の難しさ」「職種間の連携に問題」「兼務による負担」と続く。

◎ショートステイの生活相談員業務の実態

①連絡・調整に関する業務の実施率が高い傾向

②相談に関する実施率が高い傾向

③介護関連の実施率が低い傾向

◎業務の場面

①「利用期間中」と「利用期間外」という2つの場面で理解する

②「利用期間外」には「利用前」と「利用後」に分類できる

◎予約受付業務の役割

①家族の支援

②利用者の支援

③稼働率の管理

◎事前面接の役割

①利用者の状態把握(情報収集)

②重要事項の説明と契約

③信頼関係の構築

◎個別援助計画

①個別援助計画に盛り込む内容は,「利用者の心身の状況」「利用者の希望」「利用者の置かれている環境」「利用者の日々の介護状況」の4領域

②居宅サービス計画書と個別援助計画書を連動させる

◎送迎業務

①送迎業務の役割は「移動手段の保障」「情報収集」「コミュニケーション」

②送迎業務は「配車業務」と「送迎業務」に分類できる

◎ショートステイの生活相談員の業務の姿勢

①事務的ミスを減らす

②論理と情理のバランス

③ネットワークの活用

④「狭く」から「広く」へ

第3章
ショートステイにおける運営管理の視点と実際

1．稼働率管理の視点と実際

1）目標値の設定

　ショートステイの施設の中には，稼働率の目標値（ノルマ）を決めている施設と，そうでない施設があります。筆者は，目標値は設定した方が望ましいという立場です。目標値が設定されていると，「何とかノルマを達成しなければ」というプレッシャーを感じる担当者がいるのも事実です。しかし，目標値がある方が，担当者レベルで業務がはかどるという一面もあります。

　例えば，窓口担当者（生活相談員）が受け入れをしていて，現場の職員から「これ以上，受け入れないでほしい」と念を押される場面があったとします。現場の職員からの訴えに根拠があればよいのですが，各自の職員が思いにまかせて訴えているようでは，施設のマネジメントとしては問題があると言えます。その点，目標値が設定されていると，少なくとも目標値までの受け入れは，窓口・現場職員ともに迷いが生じることはありません。目標値は，施設の合意された数値だからです。その意味でも，目標値の設定は業務をスムーズに行うためにも有効と言えます。

　次に，稼働率の目標値の設定に関して考慮すべき点について述べます。稼働率の目標は，年度予算に関係しますが，いくら予算で組まれているといっても，現実とかけ離れていては，職員の士気の低下にもつながりかねません。そこで，次の点を考慮に入れるとよいでしょう。

稼働率の目標値の設定に関して考慮すべき点
①職員の補充状況　　②地域事情　　③併設サービスとの関係

---

①職員の補充状況

　これは，欠員した現場職員の充足状況との関係です。例えば，職員が産休や病欠などで欠けたり，急に複数の職員が辞めたりすることも考えられます。本来，職員が抜けたところを補充すべきですが，地域によっては，すぐに応募がないことも少なくありません。こうした時は，そのままの稼働率を維持するか，補充されるまで稼働率を抑え気味に設定するかは，管理判断と言えます。ただし，職員が十分でないのに，稼働率を目一杯回そうとすると，事故などの危険にもつながりますので，慎重な判断が求められます。

②地域事情
　近隣に施設などが多いか少ないかも考慮に入れる必要があります。例えば、近隣地域に他のショートステイが複数あれば、利用者数が伸び悩むことも考えられます。また、ショートステイだけではなく、「宿泊付きデイサービス」や、小規模多機能型居宅介護といった類似するサービスも、ショートステイの稼働率に影響をもたらすかもしれません。さらに、新設の特養や老健ができた時も、一時的に稼働率が低下する可能性があります。
　こうした場合、いくら担当者レベルで受け入れの努力をしても、伸び率に限界があることも事実です。競争相手が多いにもかかわらず、高いノルマを設定するには、施設の総力が求められます。その意味でも、地域事情を考慮した目標値を設定することが大切と言えます。

③併設サービスとの関係
　ショートステイに併設する各種サービスとの関係も考慮に入れる必要があります。例えば、特養、ショートステイ、デイサービス、訪問介護、居宅介護支援事業所などが一体となっている法人があります。その中で特に、ショートステイ、デイサービス、訪問介護については、同じ利用者が同じ法人のサービスを重複して利用することがあります。利用者からすれば、同じ施設で、さまざまなサービスが受けられるという便宜の良さがあります。
　しかし、稼働率管理の視点からすると、利用者がショートステイを利用している間は、デイサービスはキャンセルになります。逆に、デイサービスを中心に利用している人は、ショートステイの利用回数は控え気味となります。その意味では、複合サービスを有する施設（法人）は、全体のバランスを考慮して目標値を設定する必要があります。
　ショートステイの目標を高く設定すれば、デイサービスの稼働率に影響する可能性があります。近年、デイサービスは「乱立」傾向にあり、利用者獲得がショートステイ以上に厳しいと言われています。ショートステイに重心を置くあまり、デイサービスの稼働率が下がることもあり得ます。こうした点も考えて、目標値を設定する必要があります。

2）担当者の設定と管理者の役割
　稼働率の管理をスムーズに行うには、まず担当者を決めることが重要です。稼働

率を管理する担当者は，ショートステイの予約受付担当と業務が直結するので，同一人物が望ましいでしょう。現場の職員（介護職員や看護職員など）よりは，事務系の職員の方が動きやすいです。実際には，生活相談員が担当しているところが多いようです。その理由は，予約管理だけではなく，利用者の状態把握も同時に行う必要があるからです。生活相談員が単独で行うところと，事務員や別の職員（介護主任など）が協働で行うところがあります。

　大切なことは，主の担当者を任命しておくことです。複数の職種が予約受付を担当すると，責任の所在があいまいになります。また，外部からの依頼者側も，誰と話を進めてよいか分かりにくいという短所があります。顔が見える方が，外部の人はコンタクトがとりやすいためです。ただし，主担当者が不在時のバックアップ体制は考えておくべきです。予約担当者（生活相談員）は，利用者や家族のニーズに沿った予約調整を行いつつ，稼働率の向上に向けて予約をとるという高度な作業が求められます。このミッションを達成すべく，担当者（生活相談員）は業務に臨むことになります。ここまでが生活相談員の役割と言えます。

　さて，予約を担当している生活相談員から，「『予約をたくさん入れると，現場が回らなくなるから，もっと少なめにしてほしい』『認知症の症状が強い人が多くなると，現場の負担が大きいので，稼働率を下げてほしい』と言われ悩む」といった声をよく耳にします。こうした声を現場の職員から聞くたびに，生活相談員は稼働率管理と現場からのクレームの板挟みになります。しかしこれは，生活相談員だけの責任とは言えません。稼働率目標を設定した以上，それを達成すべく，業務を推進していくのは当然です。現場の声を受けて，稼働率を抑え気味に設定するのか，あるいはマンパワーを増強して，高い稼働率を維持していくのかといったことは，生活相談員の範疇というよりは，全体をマネジメントする管理者の役割です。ですので，生活相談員と管理者の関係は，日頃から風通しの良いものでなければなりません。生活相談員を通して挙がってきた現場の実情を汲み取り，業務改善を推進していくことが管理者の役割と言えます。稼働率の向上を目指すためには，生活相談員の役割と管理者の役割を明確にし，実務担当である生活相談員がスムーズに業務ができるようにバックアップする体制が不可欠となります。

3）定員の遵守
　稼働率を管理する上で，定員遵守の考え方を忘れてはなりません。法令には，「原

図1 一時的な重なりによる定員超過

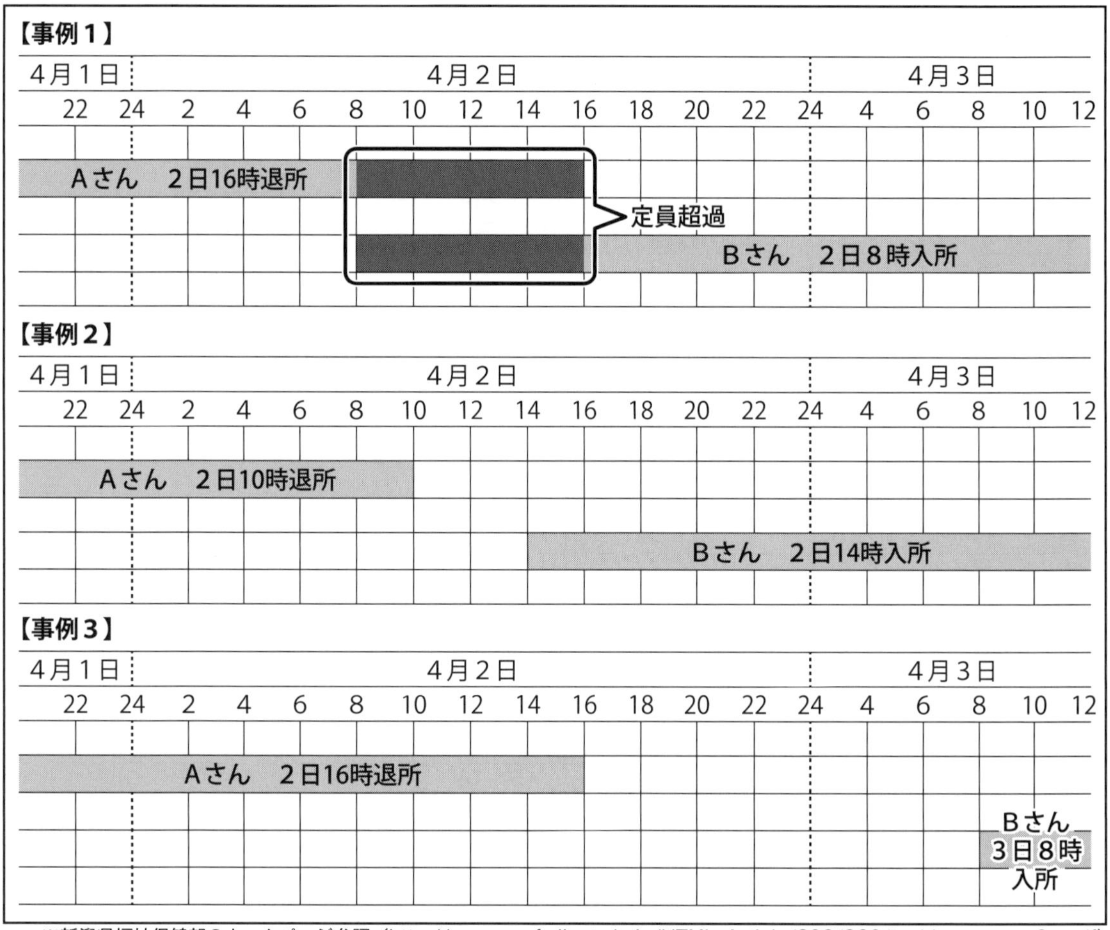

【事例1】
Aさん　2日16時退所
定員超過
Bさん　2日8時入所

【事例2】
Aさん　2日10時退所
Bさん　2日14時入所

【事例3】
Aさん　2日16時退所
Bさん　3日8時入所

※新潟県福祉保健部のホームページ参照（http://www.pref.niigata.lg.jp/HTML_Article/306/966/tankinyuusyo_q&a.pdf）

則として，入所した日及び退所した日の両方を含むものとする」と記載されています[*1]。これを**図1**で表してみます。

　事例1は，夜間の居室は空いているとはいうものの，AさんとBさんが日中一時的に重なるため，これは定員超過となります。

　事例2は，Aさんの退所時間とBさんの退所時間が重ならないために，定員超過とはみなされません。

　事例3は，特に問題ありません。

　事例1では，あとから入所したBさんが，Aさんが退所する時間まで，デイルームなどで待機してもらうという形になりますが，これは原則として認められないことになります。

　こうした定員超過に対するペナルティ（減算）としては，「当該月の翌日から定員超過利用が解消されるに至った月まで，入所者全員について所定単位が70％に

---

*1　平成12年　老企第40号　第2「居宅サービス単位表及び施設サービス単位表」参照

表1　ショートステイ稼働率管理表

曜日	日	認知症棟	一般棟（個室）	一般棟（多床室）	合計	長期入所者入院数
土	1	8	6	12	26	1
日	2	8	6	9	23	1
月	3	7	8	11	26	1
火	4	7	6	12	25	2
水	5	8	8	12	28	2
木	6	6	7	13	26	3
金	7	6	8	13	27	3
土	8	7	8	13	28	3
日	9	8	8	15	31	4
月	10	8	9	13	30	3
火	11	8	7	12	27	3
水	12	9	6	12	27	2
木	13	8	6	15	29	2
金	14	9	8	13	30	2
土	15	9	7	11	27	1
日	16	8	6	9	23	1
月	17	10	9	9	28	2
火	18	8	7	11	26	3
水	19	9	7	12	28	3
木	20	9	8	14	31	4
金	21	8	8	14	30	4
土	22	6	8	14	28	3
日	23	6	7	13	26	2
月	24	9	7	14	30	2
火	25	6	6	18	30	2
水	26	9	5	16	30	2
木	27	8	6	15	29	2
金	28	9	8	13	30	2
土	29	8	7	14	29	2
日	30	9	7	12	28	1
月	31	9	8	12	29	1
合計		247	222	396	865	

減算」されます。ただし，こうした減算が適用されるのは「月平均の利用者数」になるため，その日の利用者数が一時的に定員超過になったとしても（例えば，定員20人の施設で日中21人の実利用者がいた場合），ただちに減算適用されるわけではありません。かといって，これが常態化することは避ける必要があります。稼働率を維持・向上していくことは経営上の重要な課題ではありますが，あくまでも定員遵守というルールを守った上で遂行することが求められます。

4）稼働率の月次管理

予約担当者は，なるべくその日の利用者数をその日のうちに記録することを習慣にした方がよいでしょう。併設型施設の場合は，特養の入院者数も合わせて記録しておくことです。**表1**および**図2**は，筆者施設（定員28人）の稼働率管理表です。

ショートステイの利用者が定員より多かった場合でも，特養の空床の範囲であれ

図2 ショートステイ月間利用状況（8月）

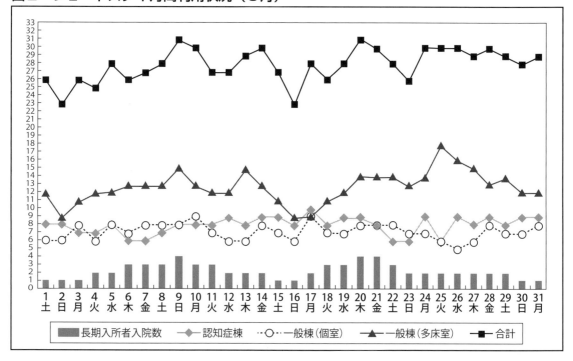

表2 月次累計による稼働率の管理

定員20人の場合（例）													
項目	4月	5月	6月	7月	8月	9月	10月	11月	12月	1月	2月	3月	月次累計
予算達成率	103.0%	102.0%	96.0%	102.0%	101.0%	99.0%	ー	ー	ー	ー	ー	ー	100.5%
予算利用者数（人）	570	589	570	589	589	570	589	570	589	589	532	570	6,916
実績利用者数（人）	592	598	550	601	594	563	ー	ー	ー	ー	ー	ー	3,498
昨年度利用者数（人）	588	590	557	613	599	560	552	546	546	558	487	540	6,736
稼働率（目標値95%）	98.7%	96.4%	91.7%	96.9%	95.8%	98.8%	ー	ー	ー	ー	ー	ー	96.4%

ば認められるからです。こうした日々の数値の記録をしておくと，後に月報を作成する時にも便利です。

　さて，日々の記録に加え，月単位の管理という視点を持つことも大切です。月平均の利用者数を記録しておくことで，年間を通しての稼働率の高低が把握できるからです。単月のみで目標値を達成できればよいのですが，例えば，冬季はキャンセル（体調不良や入院など）が増える傾向にあり，目標達成が難しい場合もあります。

　こうした場合，**表2**に示した月次累計の管理方法も有効です。**表2**では，年度開始から当月までの目標達成状況が分かりやすく示されます。ショートステイの稼働率には「波」があります。単月で目標値が達成できなくても，一喜一憂するのではなく，年間を通して目標値が達成できればよいのです。そのためにも，月次管理の考え方は有効と言えます。

Column コーヒーブレイク ⑧批判に耐える

　生活相談員は，新人であろうとベテランであろうと，施設内外の職員から「批判」を受けることが多い職種と言えます。生活相談員は，施設の窓口的な立場（ゲートキーパー）にあります。そのため，利用者や家族，ケアマネジャーからの情報を，施設の中で最初に受け取ることになります。こうした情報が，施設内の各職種（介護職員や看護職員など）に伝達されていきます。各職種からすれば，情報は生活相談員から発信されることになります。その意味では，生活相談員は「川の上流」に位置していると言えます。「川の上流」に位置しているということは，新人であっても，ある意味でリーダー的な役割を担うことになるのです。情報提供の仕方がまずかったり，適切な情報を入手できていなかったりしたならば，そのあとに続く施設内の各職種の仕事にも影響を及ぼします。生活相談員が「批判」を受けやすいということは，それだけ責任の大きい仕事をしているという裏返しと言えます。

　以前，ゴルバチョフ元ソ連大統領が日本を訪れた際，就任2カ月半の我が国の首相に対し，「これから批判される時期だ」と指摘をしたそうです。首相が「もう批判されています」と弱音ともとれる発言を返すと，「指導者は批判されるのが当たり前。耐えるのが務めだ」と叱咤激励したそうです。

　話を元に戻しますが，生活相談員は「川の上流」に位置するため，新人であろうとベテランであろうと，ある意味ではリーダー的な立場にいます。こうした自覚がないと，「批判」されることに対し，「なぜ相談員ばかりが」と不満ばかりが募ることでしょう。そうではなく，リーダーである以上，「批判」されることも仕事のうちであると理解することで，責任の大きい仕事についている「喜び」を感じることができるのです。

2．施設のPR戦略と営業活動

　ここまで予約業務を中心とした稼働率管理の方法について述べてきました。ただし，予約業務だけでは，新規利用者を増やしていく上で限界があることも事実です。ここでは，施設のPR（宣伝）方法と営業活動について詳しくみていきます。

　施設のPR戦略は，予約管理と違い，即，稼働率に結びつくものではありませんが，地道に評判を高める効果があります。稼働率の向上には，予約管理と施設のPR戦略が車輪の両輪として行われる必要があります。

1）ホームページ，広報紙の活用

　施設で優れた実践を行っていたとしても，それを周囲に理解してもらわなければ，せっかくの実践がそれだけで終わってしまいます。とは言え，こうした実践を口頭で伝えるには限界があります。そこで，施設での実践を伝える方法の1つとして，ホームページや広報紙の活用が挙げられます。

　ホームページ（**写真1**）は，閲覧する対象者も広範に及び，また最新情報を手軽に更新できる長所があります。さらに，携帯端末などから容易に閲覧（アクセス）することも可能です。ただし，維持費用がかかるため，すべての施設がホームページを開設しているわけではありません。独自で開設するのが難しい場合は，「介護サービス情報公表システム」のホームページ（**写真2**）を活用することが挙げられます[*2]。介護サービスの情報公表制度は，2006年からスタートしており，利用者

写真1　筆者施設のホームページ

写真2　介護サービス情報公表システム

* 2　厚生労働省「介護サービス情報公表システム」（http://www.kaigokensaku.jp/）参照

が介護サービスや事業所・施設を比較・検討して適切に選ぶための情報を都道府県が提供する仕組みです。ホームページには，細かい情報も記載することができます。こうした既存の情報網を活用することも1つの方法と言えます。

　一方，広報紙は，ホームページに比べ，より対象者が絞られます。利用者の家族層は，高齢化していることも考えられ，パソコン類を頻繁に使用していない世代が多いのも事実です。その点，広報紙（紙媒体）は郵送され手元に届くという長所があります。対象者が絞られるため，内容も親近感のわくものを掲載することができます。例えば，レクリエーションやイベントの案内と報告，職員紹介，ボランティア紹介，介護方法（介助方法，食事指導など）のアドバイス，さらに経営方針や決算報告などが挙げられます。広報紙は文字だけではなく写真なども掲載されるため，見た目のインパクトも強く，施設のイメージアップにもつながります。

　ホームページ，広報紙ともに，利用者に関する一定の情報が掲載されることになります。そのため，個人情報の取り扱いには十分配慮しなければなりません。個人情報に関する手続きは，2段構えが望ましいでしょう。まず，重要事項説明（契約）の時点で，個人情報についての当施設での取り決めを説明し，同意を得るようにします（この時点で個人情報の使用を断る利用者もいるので注意が必要です）。次に，広報紙やホームページに当該利用者が掲載される場合，その利用者や家族に，再度，掲載許可の同意を得ます（この時点で同意が得られなければ掲載はできません）。こうした個人情報の取り扱いに配慮さえすれば，広報紙やホームページなどは，施設のPR戦略として有効な手段と言えます。

2）営業活動

　最近，管理者から担当者（生活相談員）に対し，「営業」に行くように指導されることがあるという声をよく耳にします。また担当者レベルでも，「営業」をしているかどうかが話題に挙がることもあります。社会福祉法では，誇大広告が禁止されているのは，よく知られているところです。では「営業」とは，何のことでしょうか。

　つまりは，利用者を増やすための取り組みと言えます。具体的には，担当者（生活相談員）が居宅介護支援事業所に出向き，ケアマネジャーに対して施設のPRやショートステイの空き状況を知らせ，利用者を紹介してもらう取り組みを指しています。

施設とケアマネジャーの関係が密接になること自体，悪いことではありません。しかし，「営業」という以上，新規利用者の獲得や稼働率の向上ばかりに目が行き，ケアマネジャーに対し，媚を売るような態度に出ることは好ましくありません。ケアマネジャーと施設職員は，どちらが上という関係ではないからです。そこで，施設の担当者とケアマネジャーの関係について整理してみます。

　両者とも，利用者が円滑にショートステイを利用するために，情報提供を行う必要があります。ケアマネジャー側は，家族や他サービス事業者と接する機会が多いため，自宅や他の介護サービスを利用した時の情報を施設側に伝えることが大切です。施設職員は，利用者の施設以外での状態などを知り得ませんので，こうした情報提供は，サービス提供を行う上で役立ちます。一方，施設側は，ケアマネジャーに対して，利用者の施設での状態や，家族と施設の関係などについて報告する必要があります。それによりケアマネジャーは，施設での利用者の過ごし方や状態を知ることができ，それを家族への助言や，他サービスへの情報提供として活用することができます。こうした両者の情報提供のやりとりが重要と言えます。

　さらに，施設とケアマネジャーとの情報交換の中で大切なことは，苦情や要望の有無の確認です。利用者・家族は，ショートステイを利用する立場であり，直接苦情などを施設側に言い出せないことも想像できます。今後もショートステイを利用したいため，施設に対して遠慮していることも考えられます。しかし，中立的な立場であるケアマネジャーには，施設での苦情や要望を吐露していることもあります。こうした利用者側から直接聞き出せない情報を，ケアマネジャーを通じて収集し，施設運営に反映させていくことも重要です。

　次に，「営業」で留意すべき点について述べます。稼働率の向上を目指すあまり，施設側はケアマネジャーに対して，「部屋の空きがあるので，利用者を紹介してほしい」と依頼することがあります。こうした態度は，好ましくありません。ケアマネジャーは，特定の施設の空きベッドを埋めるためのスタッフではないからです。もし依頼するとしても，「○○さんは，ショートステイをもっと長く利用したいと言っていました。○月のショートステイは延長することも可能ですが，よければ部屋を押さえましょうか」といったように，個々の利用者の目線で交渉する方がよいでしょう。こうした形式であれば，ケアマネジャーにベッドを埋めるように懇願しているのではなく，利用者の利益として「空きベッド」の活用を促進している形になります。

以上，施設職員とケアマネジャーとの関係を整理すると，①利用者に関する情報の相互交換，②苦情などの有無の確認，③利用者目線での空きベッド情報の提供，となります。「営業」については，これらの点を忘れて，自分の施設の空きベッドを埋めてほしいことだけに集中するのは好ましくないと自覚しなければなりません。

施設職員とケアマネジャーとの関係
①利用者に関する情報の相互交換
②苦情などの有無の確認
③利用者目線での空きベッド情報の提供

3）学会での発表

　広報紙やホームページを活用した施設のPR方法について述べてきましたが，これらは施設が掲載したい内容を自分たちで編集して掲載するものと言えます。そのため，一方的な情報発信になる傾向も否定できません。そこで，学会での発表について取り上げたいと思います。

　学会発表とは，実践の研究成果をまとめ，学会会場で口頭やポスターを用い発表することを言います。研究という以上，そこには一定の客観性が求められます。学会において施設の職員が行う一般的な発表形式は，「事例研究（ケーススタディ）」と言えるのではないでしょうか。事例研究では，成果があった事例や，逆に支援に難渋した事例について，その要因を分析し，今後の実践につながる示唆を行います。研究発表は，一方的な施設のPRではありませんので，発表には根拠（エビデンス）が求められます。そのため，根気よくデータをとる作業や，それを分析する作業が必要となります。さらに，学会発表にエントリーし，採用されなければなりません。こうした手続きを経て，ようやく学会発表にたどりつけます。特に初めて挑戦する人にとっては，簡単なものではありませんが，これが実現できれば単なる「宣伝」以上の効果があることも事実です。利用者などのプライバシーに配慮した上で，学会発表の要約を広報紙やホームページに掲載することも，研究成果の還元という点では効果的です。施設の実践に対する信頼性が高まることにもつながります。

　なお事例研究では，成果のみられた事例だけではなく，支援困難な事例を分析することも大切です。スムーズにいった事例だけを取り上げていては，本当にすべて順調にいっているのかと疑いの目を投げかけられることもあるからです。

学会発表を行うには，経験，時間，ノウハウ，熱意など，さまざまな要素が求められます。しかし，施設の信頼性を高めるためにも，学会発表に挑戦することは，それだけの価値がある取り組みと言えます。

3. ショートステイのチーム形成

1）キーパーソンを置くこと

併設型ショートステイの生活相談員から，「現場の職員は，特養の仕事をメインだと思い，ショートステイは"付属"のように考えている」という悩みの声を耳にすることがあります。併設型の施設では，建物の構造上，特養入所者とショートステイ利用者が同じフロアで過ごすこともあります。職員としても，両者を完全に分けて仕事をすることはできません。

現場の職員にすれば，「特養入所者とは長年のかかわりにより関係ができている。家族とも顔見知りである」と，年月をかけて築き上げてきた関係が根底にあります。それに比べ，ショートステイ利用者はかかわりも短いし，家族のこともよく分からないというのが本音ではないでしょうか。さらに，ショートステイは苦情や事故も多いというイメージがあり，職員としては「腫れ物に触る」ような接し方をしていることもあります。そのため，放置しておくと，特に現場職員のショートステイに対するモチベーションは高まりません。ショートステイの生活相談員だけが，現場で浮いてしまうことにもなります。先にも述べたように，生活相談員は少数の人員配置であり，また施設の中で「川の上流」（コラム⑧，P.92参照）に位置するため，批判を受けやすい立場にあるからです。

そこで，意識的にショートステイのチームを形成する働きかけが必要となります。ショートステイの管理者は，現場職員にショートステイの意義や重要性を理解させ，モチベーションを高めるような働きかけをする必要があります。この方法の1つとして，2人のキーパーソンをつくることを提案できます（**図3**）。

キーパーソンの1つの柱は，生活相談員です。生活相談員は，ショートステイに関する相談や依頼を外部から受けるため，ショートステイに対する理解も深い点が挙げられます。具体的な仕事の内容は，第2章で示したので詳述しませんが，生活相談員がショートステイのキーパーソンの1人であることは揺るがないでしょう。

もう1つの柱は，現場のショートステイ担当者です。筆者は，日勤中心の介護職員（ケアワーカー）が望ましいと考えています。現場での入退所の受け入れ業務，

図3 ショートステイのチームを形成する働きかけ

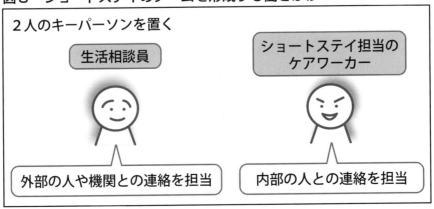

それに伴う荷物のチェックなどを中心に行います。前述したように，介護職員は昼夜交代勤務ですので，利用期間が短いショートステイ利用者へのかかわりが薄くなりがちです。その意味でも，現場の介護職員の中に，ショートステイを中心に切り盛りする日勤の職員を配置することは，ショートステイ運営にとっても有効と考えます。厳しい人員基準の中，やりくりすることは大変ですが，例えば，産休・育休明けの介護職員で，しばらく日勤しかできない職員や，定年後に再雇用したベテラン介護職員などを，ショートステイ担当に任命するという方法もあります。利用者からしても，生活の場に「固定」した職員がいてくれることは心強いことです。

外からの連絡の担当者である生活相談員と，中の連絡の担当者である日勤介護職員を配置し，両者が連携を密にすることで，ショートステイに関する業務がスムーズに進行していきます。

2）ショートステイにおける会議

ショートステイのチーム形成を促進し，チーム内の意思疎通を円滑にするには，「会議」を活用することも有効です。ショートステイに関する会議の代表的なものにケアカンファレンスがあります。1つは，ケアマネジャーが定期的に行う利用者ごとのサービス担当者会議（カンファレンス）です。もう1つは，施設の職員が行う利用者ごとのカンファレンスです。

前者は，法令にも定められており，都合がつかない場合を除き，参加する必要のある会議です。施設側からは生活相談員が参加する場合が多いようですが，生活相談員の都合がつかない時は，他の職種でも問題ありません。このカンファレンスの特徴は，ケアマネジャー，家族，他サービス事業者などが一堂に集うため，さまざまな角度からの情報が得られることです。また，普段利用者や家族に切り出しにく

い内容も，この場を借りて，話してみるというのも1つの方法です。カンファレンスで収集して得た情報や決定した内容は，議事録に残すか，申し送りするなどして，参加できなかった職員にも分かるようにする必要があります。

　後者は，主に施設内のショートステイにかかわる職員で行う会議です。施設内のカンファレンスは，定期的に行う場合もあれば，臨時で行う場合もあります。主に，個々の利用者のサービス内容を検討するものです。個別援助計画を作成する上でも，こうしたカンファレンスは重要と言えます。

　例えば，支援困難な利用者が入所してきた場合，どのようにサービス提供を行えばよいのか戸惑うことがあります。こうした事例に遭遇した時，「帰宅してもらえないか」と生活相談員に現場職員（介護職員，看護職員など）から話が持ちかけられることもあります。確かに，支援困難事例は普段から忙しい現場職員にすると負担が大きいことは事実です。しかし，こうした事例こそ，職員が結集し，今後の支援内容を考える必要があります。

　現場職員からは「家族やケアマネジャーを呼んでほしい」という意見も出ますが，まずは施設の職員としてどのようにサービス提供を行うかを徹底して話し合い，それでも難しい場合は，ケアマネジャーや家族にも「力を借りる」というスタンスが大切です。なぜなら，ケアマネジャーや家族は，施設でのサービス内容がどうなっているかは詳しくないからです。むしろ専門的なサービスを受けられることを信用して，サービスを利用しているのです。

　ショートステイは，入退所の回転が速く，職員が日々の業務に追われがちです。特養などに比べ，職員が立ち止まって考える機会が少ないとも言えます。その意味でも，ケアマネジャーの行うカンファレンスとは別に，施設内部でのカンファレンスを開催することは重要な役割を持っています。

Column コーヒーブレイク ⑨「ロングショートステイ」と大義名分

　仕事柄,「ロングショートステイ」を実施している施設の生活相談員と話す機会があります。「ロングショートステイ」を行っている背景には,「施設に入所させたいが,すぐに空きがないので,やむを得ずショートステイを長期間利用している」という在宅介護の実情が関係しているようです。諸事情により,在宅で介護を続けていくのが難しい事例があることは理解できます。とは言え,地域によっては,すぐに施設に入所できるとは限りません。その意味で,ショートステイを長期間利用することで,なんとか現状をしのいでいるとも言えます。

　「ロングショートステイ」を行う上で気をつける点は,最終的な目標を明確にすることです。単に「家族が希望しているから」とか,「施設に入所できないから」というだけでは,後々取り返しのつかないことにもなりかねません。

　筆者は,次のような事例を耳にしたことがあります。独居の高齢者（認知症がみられる）が,在宅生活を続けていくことが難しくなってきたため,ショートステイを利用するようになりました。本人も施設に慣れてきたため,ショートステイの長期利用（ロングショートステイ）に移行していきました。その利用者は,市営住宅で暮らしていたのですが,数カ月以上戻っていないため,市営住宅は退去することになりました。その人は,特養の入所を希望しているのですが,要介護度が軽いため,なかなか入所の順番が回ってきません。そのうち,認知症のBPSD（粗暴行為,昼夜逆転など）が出現するようになり,集団生活に支障を来すようになってきたため,施設側から退所を仄（ほの）めかされるようになりました。市営住宅も退去しているため,今さら帰る場所もなく,遠方の家族が引き取ることになったということでした。

　この事例は,利用者側（特に家族）からすれば,「引っ張るだけ引っ張って」退所させられた形になります。一方,施設側からすれば,あくまでも「ショートステイ」であるため,特養のように終身の入所契約はしていません。そのため,利用を断ることも容易です。

　この事例から学べる点として,「ロングショートステイ」を行う場合,例えば,特養入所までの待機期間といった,大義名分が必要と思われます。あと数カ月のうちに特養の入所の可能性があるといった「理由」があればこそ,「ロングショートステイ」の意味があると考えます。事例のように,利用者側の「梯子（はしご）を外す」ことがないように気をつけたいものです。

4．サービス満足度の向上に向けて

　ショートステイでは，利用者に対し個別援助計画を作成する必要があることは前述しました。一方で，個々のサービス項目の質が高くなければ，計画をスムーズに行うことは難しいかもしれません。

　しかし，サービスの満足度を向上させる上では，個々のサービス部門の質を高めていくことが重要です。では，サービス満足度を高めるには，どうすればよいでしょうか。それには，利用者のみならず，家族やケアマネジャーといった関係者も視野に入れることが必要となります。

1）食事

　食事は，利用者の最も楽しみにしているサービスといってよいでしょう。ショートステイの支援目標は，在宅と施設の「差」を少なくすることにあります。そのため，事前面接時に利用者の嗜好や食事形態などを聞き取り，可能な限りそれに対応した食事を提供することになります。「療養食加算」を算定している施設であれば，糖尿病，高血圧，腎疾患などに対応した，より高度な食事内容を提供することが可能です。

　家族の立場からすると，自宅で毎日の食事をどのような内容にするか頭を悩ませることがあると聞きます。家族であっても介護のことだけを考えているわけにはいかず，どうしても食事内容が単調になってしまうことも考えられます。こうしたことを考えると，施設の月単位の「献立表」を差し上げることも，家族には喜ばれます。自宅で食事をつくる際のヒントになるからです。それと同時に，施設で提供している食事がどのような内容であるかを理解してもらう上でも意味があります。

　また，ショートステイ利用者の中には独居や高齢者世帯などで，食事や水分摂取の管理が難しい人がみられ，低栄養や脱水症状を起こしている可能性も考えられます。ショートステイでは，こうした利用者に対しても，食事や水分の摂取量の管理が行えるメリットがあります。訪問介護やデイサービスでは，一日のうち部分的なかかわりしかできません。その点，ショートステイは24時間単位で利用者と接することができる特徴があります。食事管理がしっかりと行えていない人が，ショートステイを利用することで，食生活を立て直すきっかけにもつながります。その意味でも，施設の管理された食事提供のシステムを活用することも，ショートステイを利用するメリットの1つと言えます。

このようにショートステイの食事サービスは，利用者のみならず，家族やケアマネジャーなどに対しても役立つ側面を持っています。こうした点を，施設のPRポイントにしていくことも1つの方法と言えます。

2）入浴

施設ではさまざまな入浴設備（特殊浴槽，リフト浴槽など）を使用し，利用者に入浴サービスを提供することが可能です。自宅では，なかなか入浴できない人が，ショートステイで入浴が可能になることは，利用者・家族にとっても有意義なことです。

ただし，人員配置基準からすると，入浴はおおむね1週間に2回程度という施設が多いと推測されます。いくら利用者側の要望であっても，毎日入っていただくことは難しいでしょう。3日間程度の利用期間であれば，利用中に1回ということにもなります。それならば，その1回を有効に行うことが大切です。例えば，毎週月・水・金曜日にデイサービスで入浴をしている人であれば，月・水・金のいずれかの日に合わせた入浴を行うという配慮も大切です。それにより，利用者の入浴のリズムが保持されるためです。

また入浴は，保清だけではなく，皮膚状態の確認ができる機会でもあります。入浴中に，褥瘡や湿疹などを発見することもよくあります。中には，不自然な傷などから，身体的な虐待の可能性を疑うこともあります。こうした普段目にすることのない身体の状況を知ることも，施設での入浴の目的の1つです。こうした情報は，ケアマネジャーなどにフィードバックし，それ以降のサービス内容に反映されることになります。

また，認知症のある利用者が入浴を拒否するといった場面に遭遇することもあります。頑なに拒否があれば，無理に入浴してもらうことはできません。そういう場合，ある職員が行っても無理でも，別の職員が行えば可能なこともあります。「人（援助者）」を変えるという方法です。これは，デイサービスでも同じことが当てはまります。しかし，ショートステイの場合は，デイサービスと違い，さらに「時間」というメリットがあります。例えば，午前中に入浴が無理でも，午後に再度促してみることもできます。また，その日が難しければ，翌日に誘ってみることも可能です。認知症で入浴拒否のある場合，違う時間にお誘いすれば，すんなり入浴してもらえることもあるからです。つまり，「時間」を変えるという方法です。自宅でなかなか入浴してもらえない人が，ショートステイで入浴できるということも，家族

の介護負担を軽減する上では意義があります。

　このようにショートステイの入浴サービスは，利用者の身体の保清だけではなく，皮膚状態の観察，認知症で入浴が難しい人への対応など，さまざまな役割を担っていることが分かります。こうした点も，家族やケアマネジャーに対するPRポイントと言えるでしょう。

3）レクリエーション・行事

　利用者の余暇を支援するサービス項目として，レクリエーションや行事があります。併設型施設の場合，特養のレクリエーションや行事に参加するという方法もあります。しかし，同じ併設でもデイサービスのレクリエーションには，原則として参加することはできませんので注意が必要です。

　ショートステイでのレクリエーションや行事は，つい疎かになりがちなサービス項目です。食事，入浴，排泄などに比べると，サービス提供の優先順位が低く，後回しになってしまうからです。そのため，ボランティア団体などに声をかけ，レクリエーションを行ってもらうことも1つの方法と言えます。

　ボランティアを依頼する方法としては，地域のボランティアセンターに連絡し，施設のニーズにかなったボランティアをコーディネートしてもらう方法があります。ただし，ここで気をつけなければならない点は，ボランティアに来てもらったからといって，すべてをボランティア任せにしないことです。よほど慣れているボランティアを除き，基本的に利用者のことや設備面で，勝手が分からないことが多いからです。また，利用者の前で歌や踊りを披露している最中，認知症のある利用者が「不穏」になった場合，ボランティアだけでは，その場をどうおさめてよいのか分かりません。ボランティアでは，利用者に直接手を差し伸べることが難しいからです。

　さらに，マイクや音響の設備，テーブルや客席のセッティングなど，ある程度のお膳立てが必要となります。特に，施設側が依頼したボランティア団体であれば，なおさらそう言えるでしょう。筆者の経験では，せっかくボランティアに来てもらったのに，その場に職員がいなくて，「最初の紹介」も「最後の挨拶」もなく，後味が悪かったというボランティアの声を聞いたことがあります。こうした評判は，地域にもすぐに拡大します。その中の誰かが，ショートステイ利用者の身内だったら，その後の利用にも影響するかもしれません。

レクリエーションや行事における職員のかかわりを補完する上で、ボランティアの力を借りることは有意義と言えます。ただし、せっかく来てくれたボランティアに不快な思いをさせないためにも、それに全面的に協力できる体制をとった上で、受け入れをしていくことが重要です。

4）福祉用具

身体に障害のある利用者にとって、福祉用具の使用は不可欠と言えます。ひと言で福祉用具といっても、車いす、歩行器、ポータブルトイレ、介護食器など、多岐に及びます。こうした福祉用具については、ショートステイでは、状況に応じて本人が持参することもあります。

とは言え、施設でも一般的な内容（特殊な用具を除く）については、準備しておく必要があります。食事に関して言えば、介護食器、介護スプーン類、滑り止めマットなどが挙げられます。排泄については、尿器、ポータブルトイレなどが挙げられます。福祉用具は、使用後には消毒・洗浄されますが、やはり他者と共用することに抵抗を持つ利用者がいるのも事実です。こうした利用者には、福祉用具を自宅から持参してもらうことになります。

福祉用具で特に重要なのが、移動に関する福祉用具（車いす、歩行器、杖など）です。ショートステイ利用者は、レンタル（福祉用具貸与）をしている場合もあるため、利用者が自宅から持参するか否かを、事前に確認しなければなりません。

また、車いすを利用している人に対しては、送迎で対応（車いすのまま乗車できる車両の使用）ができるように手配する必要があります。

一方で、利用者の中には、自分の福祉用具はレンタルしているが、施設では使いたくないという人もいます。こうした場合は、送迎時に施設の車いすを持っていき、自宅で乗り換えてもらう必要があります。本来は、使い慣れている福祉用具の方が、転倒などのリスクを減らす上でも有効です。しかし、こればかりは無理強いもできませんので、なるべく利用者の体調に合った用具を選択し、お貸しすることになります。

なお、本人が福祉用具を持参する場合は、用具に名前が書いているかを確認します。他者の福祉用具との混同を避けるためや、返却忘れを防ぐためです。名前が書いていない場合は、車いすのスチールの部分に、名前の書いたテープを貼るなど、施設や他利用者の福祉用具と混同しないようにしておくと、後々役に立ちます。

以上，福祉用具に対する施設の考え方を整理すると，一般的な福祉用具については施設が準備をし，個別ニーズに対応した福祉用具については各自持参してもらうという考え方が基本となります。

5）居室・ベッド周辺

　利用者が施設に到着するまで（通常は前日までに）に，居室の準備をしておく必要があります。たとえ「日帰り利用」（宿泊を伴わない利用）（コラム②，P.23参照）でも，居室を用意しておく必要があります。居室については，「個室」か「多床室」かによってセッティングが異なりますが，可能な限り個人のニーズに適した空間をつくります。

　一般にチェックする点は，①エアマットの有無，②テレビ設置の有無，③ポータブルトイレ設置の有無（夜だけか，昼夜ともにか），④ベッド柵の形状です。在宅と違い，居室空間をカスタマイズするには限りがありますが，これらの点を確認するだけでも，かなり利用者のニーズに沿うことができます。サービスの質を維持するには，なるべく家庭と同じ環境をつくるということが，支援の目安となります。

　また，「個室」と「多床室」を両方保有する施設では，その希望を予約の時点で確認することが大切です。その際には，居室料金が異なること，「介護単価（基本報酬）」が異なることなどを合わせて説明しておくと，後々トラブルに発展することは少ないでしょう。さらに，「介護保険負担限度額認定証」を所有しているか否かについても確認する必要があります。この書類を保有していることで，居室や食事の料金が減額されることになるため，利用者にとっては有益な内容と言えます。

6）意見箱・アンケート調査の活用

　これまでに，利用者に提供する個々のサービス項目について取り上げてきました。サービスの満足度を向上させるには，個々のサービス項目の質がポイントとなります。利用者・家族からサービスの満足度を確認する方法として，意見箱の設置やアンケート調査の実施があります。

　意見箱は，施設の玄関付近の目の届きやすい場所に設置しておきます。ただし，職員が頻繁に行き来するような場所であると，投書を書くのに遠慮が生じるので，その点には配慮が必要です。ただ，筆者の経験上，意見箱が活用される機会は少ないようです。利用者本人で投書を書ける人が少ないことが関係していると考えられます。

　サービス満足度を確認する，もう1つの方法は，アンケート調査の実施です（**資料**）。

資料　アンケート用紙

アンケートのお願い

○○ショートステイ

　このたびは，○○ショートステイをご利用いただきまして，誠にありがとうございます。このアンケートはご利用者のお声を率直にお聞きし，より一層のサービス向上を目的としています。お手数ですが，ご協力の程よろしくお願い申し上げます。

　☆印の質問には，分かる範囲内でお答えくださいませ。

1. 予約（○○ショートステイをお選びいただいた理由：いくつでも可）
    - 前に利用した時印象が良かった　□
    - ケアマネジャーの勧めで　□
    - 自宅から施設が近いから　□
    - 病院に隣接しているから　□
    - 他の施設が満床だったから　□
    - 個室が利用できるから　□
    - 多床室（4人部屋）が利用できるから　□
    - 利用料金が低価格だから　□
    - 送迎サービスがあるから　□
    - その他（　　　　　　　　　　　）　□

2. 送迎サービスについて　　　　　　　　　ハイ　　イイエ
    - （ア）送迎職員の応対は良かったですか？　□　　□
    - （イ）お約束していた時間は守れましたか？　□　　□

☆3. 居室について　　　　　　　　　　　　ハイ　　イイエ
    - （ウ）清掃は行き届いていましたか？　□　　□
    - （エ）居心地は良かったですか？　□　　□

4. 接客マナーについて　　　　　　　良い　普通　悪い
    - （オ）介護職（ケアワーカー）　□　　□　　□
    - （カ）看護職　□　　□　　□
    - （キ）事務職　□　　□　　□
    - （ク）生活相談員　□　　□　　□

☆5. お食事について　　　　　　　　良い　普通　悪い
    - （ケ）お食事はおいしかったですか？　□　　□　　□
    　　　　　　　　　　　　　　　　　　多い　適当　少ない
    - （コ）お食事の量は適当でしたか？　□　　□　　□

☆6. その他のサービスについて　　　　　　ハイ　　イイエ
    - （サ）入浴サービスは良かったですか？　□　　□
    - （シ）行事・レクリエーションは楽しかったですか？　□　　□

7. 1回のショートステイで，どれくらいの期間をご利用したいと思われますか。
    - 2日間　□　　・3日間　□　　・5日間　□
    - 7日間　□　　・10日間　□　　・10日以上　□

8. ご意見・ご感想（特に良かった点，改善すべき点があればご記入ください。）

9. 今後も，○○ショートステイを利用したいと思われますか。
　　　　　　　　　　　　　　　　　　　　ハイ　　イイエ
　　　　　　　　　　　　　　　　　　　　□　　　□

　ご協力ありがとうございました。お手数ですが，本アンケートを返送用封筒に入れ，投函してくださいれば幸いです。

実施時期ですが，毎回する必要はないと思います。年間1～2回でよいでしょう。方法は，利用後にカバンや連絡帳の中に，アンケート用紙と返送用封筒を入れておきます。なぜなら，次回に手渡しとなると，誰が書いたかが分かり，施設側に遠慮した内容になるからです。そのため，切手を貼った封筒を入れ，「施設長宛」にして返送してもらう方法が最も公平だと思います。

　アンケートは，利用者本人が書く場合と，家族が書く場合があります。実際，利用者が書くことは少ないので，どうしても家族からの声が多くなりますが，ある意味仕方ないことです。アンケートは回収が終わった時点で，速やかに集計し，結果を各部署に配布するか，運営会議などで報告するようにします。さらに，各部署に直接関係ある記述内容に関しては，各部署でのミーティング時に改善方法について話し合うべきです。利用者や家族の声の反映された貴重なデータですので，調査をするだけで終わりにせず，それを活用し，サービス内容の改善につなげることが重要です。

Column コーヒーブレイク ⑩食品偽装と料理人のプライド

　施設の経営者からすれば，ショートステイの稼働率は重要な課題です。その稼働率を管理する上で，予約担当者（生活相談員等）の役割がカギとなることについて，第2章で説明しました。予約担当者としては，経営者から「ノルマを達成するように」と口酸っぱく言われているのかもしれません。それは経営側からすれば当然のことで，それ自体を否定するつもりはありません。ここで重要なことは，稼働率管理の仕事においても，「定員遵守」というルールを守ることです。「定員遵守」とは，法令を遵守することでもあります。ルールを無視してまで，ノルマを達成してよいというものではありません。

　以前，ホテルやレストランでの食材偽装が問題になったことがあります。料理のメニューで，実際に用いていた食材と異なる食材を用いているように表示していたというものです。こうした一連の食材偽装に関して，京都にある老舗料亭「菊乃井」主人の村田吉弘氏は，次のようにコメントしています。

　「料理人なら食材を偽りたくないはずだ。だったら，とにかくコストを下げて利益を追う経営の論理に対し，『そんなことをしたら失うものの方が大きい』と言わないといけない。断固とした意見を言える調理場のトップがいないのだろう」

　村田氏は，経営者を責めるだけではなく，現場を任せられたリーダーにも責任があると指摘しています。たとえ経営者からの「圧力」があったとしても，現場のリーダーには，まずは法令を遵守する毅然とした姿勢が大切と言えます。

　度重なる介護報酬の改定により，施設の経営は決して楽ではありません。また，地域に介護関連の事業所が乱立し，周囲との「競争」が激しくなっている現状も理解できます。介護サービスの世界も，今や「競争社会」と言えます。経営側の論理が強く働くほど，「数字」に目が行きがちです。こうした時こそ，「ゲートキーパー」の役割を担う予約担当者は，強い倫理観を持って仕事に臨むことが求められているのです。

【参照】朝日新聞（2013年11月7日付）

第3章のまとめ

◎**稼働率の目標値設定に関する勘案要素**

①職員の補充状況

②地域事情

③併設サービスとの関係

◎**稼働率管理の留意点**

①予約担当者と管理者の役割分担

②定員の遵守

◎**施設のPR戦略および営業活動**

①ホームページ，広報紙を活用する場合は，個人情報の取り扱いに十分配慮する

②営業活動は施設の利益ではなく，利用者目線で考える

③施設の信頼度を向上させる目的で，学会発表にチャレンジする方法もある

◎**施設職員とケアマネジャーとの関係**

①利用者に関する情報の相互交換

②施設側への苦情などの有無の確認

③利用者目線での空きベッド情報の提供

◎**ショートステイのチーム形成**

①2人のキーパーソン（生活相談員と日勤中心の介護職員）を配置する

②会議（カンファレンス）を有効に活用する

◎**サービス満足度の向上に向けて**

①利用者だけではなく，家族，ケアマネジャーも視野に入れる

②食事サービスには，（1）利用者のニーズに対応した食事提供，（2）献立表の活用，（3）食事摂取量の管理，の役割がある

③入浴サービスには，（1）身体の保清，（2）皮膚状態の確認，（3）認知症で入浴困難な人への対応，の役割がある

④レクリエーション・行事の実施には，ボランティアの力を借りることも1つの方法であるが，すべてをボランティア任せにしないこと

⑤福祉用具は，一般的な福祉用具は施設が準備し，個別ニーズに対応した物は各自が持参する

⑥居室・ベッド周辺を整備するチェック項目は，エアマットの有無，テレビ設置の有無，ポータブルトイレ設置の有無，ベッド柵の形状

⑦サービス満足度の確認方法には，意見箱の設置やアンケート調査がある。アンケート回収後は，速やかに集計し，サービス内容の改善につなげる

第4章
ショートステイにおける
リスクマネジメント

1．ショートステイにおけるリスクマネジメントの考え方

1）リスクの生じやすいサービス形態

　リスクマネジメントとは，組織がその資産や活動へ及ぼすリスクの影響から組織を守るためのプロセスです。介護現場におけるリスクマネジメントには，主に利用者の介護事故の予防（事前対応）と事故対策（事後対応）の2つの柱があるとされています。

　第1章で述べたように，ショートステイには構造的な課題が存在し，利用者にリロケーションダメージが生じたり，予測しがたい問題が起こったりする場合があり得ます。また，不定期的なサービス利用形態と職員の交代勤務とが相まって，利用者の状態把握が難しく，サービス提供に影響が生じることも考えられます。こうしたことからも，ショートステイはリスクの生じやすいサービス形態であることが理解できます。

　一般にリスクが発生しやすい状況として，「3H」があると言われます。3Hとは，「初めて」「久しぶり」「変更」の頭文字のことです（**図1**）。「初めて」とは，この場合，新規利用時の対応のことを指します。新規利用時は，利用者本人も施設に慣れていないこともあり，不安や混乱を来すことも考えられます。また職員にとっても，事前情報に目を通しているものの，実際に利用者と接するのは初めてであるため，手探りの状態で支援していくことになります。こうした状態は，リスクの生じやすい傾向にあると言えます。

　またショートステイは，家族の用事がある時のみ利用することもあります。前回の利用から数カ月，時には数年以上経っている事例もみられます。こうした「久しぶり」の利用の時も，リスクが生じやすい状況と言えます。「久しぶり」に利用するということは，前回と状態が「変化（変更）」していることも考えられます。

　定期的に利用をしていれば，徐々に変化に対応することも可能ですが，ショート

図1　リスクが発生しやすい状況「3H」

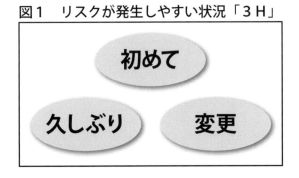

ステイでは，前回と比べ大幅にサービス内容が「変更」することもあります。こうした時も，リスクが生じやすい状況にあると言えます。このように，「3H」に照らし合わせてみても，ショートステイのサービス形態はリスクが生じやすいことが理解できます。

2）裁判例に学ぶリスクマネジメントのポイント

ショートステイのリスクマネジメントを考える上で，過去の裁判例を学ぶことは意義があります。判決の根拠をみることで，リスクマネジメントに必要なポイントを学ぶことができるからです。

介護現場では，常に事故などのリスクは存在します。事故を少なくする取り組みはできても，完全になくすことは難しいと言えるでしょう。また，事故が生じた結果，施設側と利用者・家族との関係がこじれてしまうこともあります。場合によっては，法廷による解決という形にもつれ込むことも考えられます。施設側としては，法廷に至るまでに問題を解決したいものです。

では，過去のショートステイに関する裁判例を，いくつか紹介します[*1)]。

裁判例①　名古屋地裁　平成16年7月30日判決

事故の概要

利用者Aの遺族である原告らが，被告（社会福祉法人）が設置経営する特別養護老人ホーム（ショートステイ）において，利用者Aが被告の職員Bによる介助を受けて食事中に，こんにゃくとはんぺんを喉に詰まらせて窒息したことにつき，被告に対し，使用者責任または債務不履行に基づき，損害賠償（3,421万2,160円）を求めた。

結論

入所時一般調査票等に利用者Aに嚥下障害がある旨が記載されていたこと，こんにゃくはのどに詰まらせやすいこと等を考慮すると，職員Bは，こんにゃくを食べさせた後，利用者Aの口の中の確認および嚥下動作の確認をする**注意義務**を負っていたというべきである。職員Bが，これらの確認をしないまま，こんにゃくに続いてはんぺんを食べさせたことは，不法行為上の過失にあたるということができるとして，請求の一部を認容（2,426万4,700円）した。

---

*1　「LEX／DBインターネット（法律情報データベース）」にて検索。

裁判例②　大阪高裁　平成18年8月29日判決

事故の概要

利用者Aが社会福祉法人の経営する特別養護老人ホームのショートステイを使用した際，転倒して後遺症を負ったとして，社会福祉法人に対し債務不履行を主張し，また，転倒後に治療を受けた被控訴人病院に対し，医師の診療契約上の債務不履行を主張して，損害賠償（751万8,561円）を求めた。

結論

利用者Bが利用者Aの背中を押したりすれば，本件のような事故が発生しうることは容易に**予見が可能**であり，介護職員は，利用者Bを利用者Aから引き離し，接触できないような措置を講じて，利用者Aの安全を確保し，本件事故を未然に防止すべきであった。しかし，このような措置を講ずることなく，本件事故を発生させたものであり，社会福祉法人には**安全配慮義務**の違反があるとし，請求を棄却した原判決を破棄し，請求を一部認容（527万2,726円）した。

裁判例③　東京地裁　平成24年5月30日判決

事故の概要

介護認定を受けた原告（男性，要介護2）が，被告（介護サービスを運営する株式会社）との間で短期入所生活介護（ショートステイ）に関する契約を締結し，被告の施設に入所して介護を受けていたところ，原告が転倒して頭部を受傷する事故が発生した。被告の原告に対する契約上の**安全配慮義務**違反または不法行為にあたるとして，原告が，被告に対し，債務不履行または不法行為に基づく損害賠償（1,982万8,732円）を求めた。

結論

被告は，原告が夜間徘徊して転倒する可能性を認識しており，離床センサーを設置し，さらにベッドには転落を防止する柵を設置していた。また，センサーの反応とは別に，少なくとも2時間おきの定期的な巡回により原告の動向を把握していた。本件における施設の**安全配慮義務**違反はなかったとして，原告の請求を棄却した。

裁判例①は食事介助中の誤嚥事故に関する内容，裁判例②は利用者同士のトラブルから生じた転倒事故に関する内容，裁判例③も利用者の転倒事故に関する内容です。結果を整理すると，裁判例①と裁判例②は施設側に賠償責任が認められた内容（施設側に不利）で，裁判例③は施設側の賠償責任は認められなかった内容（施設側に有利）となります。

　これらの裁判例の判決の違いはどこにあるのでしょうか。先ほどの判例をみると，「注意義務」「安全配慮義務」という言葉（**太字**で示した部分）が度々用いられていることが分かります。「安全配慮義務」とは，「ある一定の関係にある当事者間で，一方または双方が相手の生命・身体の安全を確保するよう配慮する義務」（大辞泉）と定義されます。例えば，食事中に誤嚥があった場合，それ自体は不可抗力であったとしても，その後の吸引や救急車への連絡をとったかなどが問われることになります（高野他，2004）。

　一方「注意義務」とは，「ある行為をするにあたって要求される一定の注意を払うべき法的義務」（大辞泉）と定義されます。「注意義務」は，さらに「予見可能性」と「結果回避可能性」に分類されます。「予見可能性」とは，リスクが発生することを予想することができたか。具体的には，利用者のリスクをどのようにアセスメントしたかが問われます。「結果回避可能性」は，リスクを回避することはどのようにして可能であったか。具体的には，リスクのアセスメントに基づき，どのような個別援助計画が作成され，実施されていたかが問われます（高野他，2004）。

　施設側に厳しい判決であった裁判例①と②は，施設側の「安全配慮義務」や「注意義務」が不十分であったとみなされたことになります。一方，裁判例③は，事故で利用者が負傷をしたという深刻な内容ではありますが，施設側の「安全配慮義務」が認められ，賠償責任はないと判断されたと言えます。これらの判例から私たちが学べる点は，「注意義務」や「安全配慮義務」を怠らなければ，すべての事故の責任が施設側に問われない可能性があるということです。事故を皆無にすることは困難ですが，しっかりとアセスメントを行い，それに沿った個別援助計画を作成すること，そして事故が起こってからの迅速かつ適切な処置を行うことが，施設側のリスクマネジメントの重要なポイントと言えます。

2．ショートステイにおける事故対応

　ショートステイにおける事故には，例えば，「転倒によるけが」「薬の誤配」「無断外出」「誤嚥」などがあります。ここでは，その中でも最も多いとされる転倒事故（東京都社会福祉協議会の調査結果）を例に，リスクマネジメントを考えてみましょう。本章の冒頭で述べた，「事前対応」と「事後対応」に沿って考えてみます。

1）事前対応

　事前対応は，「注意義務」に該当する部分です。具体的には，アセスメント（情報収集）と個別援助計画の作成プロセスを指しています。

　生活相談員は，事前面接で家族に在宅での介護状況をうかがう機会があります。リスクマネジメントの視点に立てば，内服，認知症，視力などの利用者に関する要因（内的要因），床の状況，照明などの環境に関する要因（外的要因）を中心に情報収集を行います。事前面接での情報収集に加え，ケアマネジャーを通じて，他のサービス利用時の状況を確認することも必要です。当該利用者が別のショートステイを利用した時の情報があれば，同じサービス種別であるため，有力な情報となります。もし過去にショートステイの利用がない場合は，デイサービスでの日中の状況を確認することも参考になります。

　こうした情報を基に，個別援助計画を作成することになります。室内の照明，トイレまでの動線（難しい場合はポータブルトイレ，その位置），ナースコールの使用方法の指導（難しい場合はセンサーマットの使用など），職員の見守り体制（巡回の頻度など），安全な履物の着用，移動の福祉用具の選択などの項目を点検し，個別援助計画を作成します。

　また，利用者の行動パターンを把握することも，個別援助計画の作成に反映すべき重要な項目です。しかし，利用期間の短いショートステイでは，利用者の行動パターンの把握は容易ではありません。とは言え，その状況に甘んじていては，余計に事態を悪化させることにもつながります。面倒ではありますが，利用者に関する新しい情報（リスクの軽減につながる情報）が見つかれば，再度計画内容を修正する作業を繰り返すことです。根気よく，地道に積み重ねていく作業が求められます。

2）事後対応

次に，転倒事故が起こった後の「事後対応」について述べます。「安全配慮義務」に該当する部分です。

転倒が起こった場合，まずは事実の確認を行います。可能ならば，複数の職員で確認する方がよいと思われます。特に看護職員は，身体状況の確認を行う際に不可欠な職種です。看護職員は，転倒の状況から，受診の必要性を判断します。出血している場合，受傷箇所に腫脹がみられる場合，痛みが激しい場合などは，速やかに受診の手配が必要となります。万が一，骨折をしている場合は，入院となる可能性も考えられます。

通院，入院の有無にかかわらず，事故の経緯を家族に連絡することが必要です。軽微な場合（尻もちやずり落ちで明らかに外傷がない場合など）を除き，できるだけ事故の直後に連絡を行う方が望ましいでしょう。タイムラグが生じると，「なぜその時に報告してくれなかった」と，後から苦情に発展することがあるためです。

通院や入院の費用を施設で負担するか否かは，施設の方針によって異なりますので，統一した見解があるわけではありません。こうした場合，現場の職員だけで判断するのではなく，管理者も含めた話し合いの下，意思決定を行う必要があります。

一連の事故の経緯は，事故報告書に記入します（**資料1**）。介護保険法では，事故は保険者（市区町村）に報告する義務があるとされています[*2]。保険者への報告は，基本的には負傷・死亡事故が対象となります。負傷の程度については，保険者によって見解が異なるので，事前に確認しておく必要があります。軽微な事故でも報告を求める保険者もあるようですが，一般的に医療機関を受診した場合が基準となります。事故報告のタイミングは，すべての処理（補償など）が終わってから行うのではなく，事故が発生し，最初の対応（救急受診など）を行った時点が目安となります。すべての事故処理が終わるには，日数を要することもあるからです。保険者は事故の状況や経緯を把握する必要があり，場合によっては詳しい事故内容の説明を求められたり，指導が入ったりすることもあります。そのためにも，事故報告は速やかに行う必要があります。

[*2] 「指定居宅サービス等の事業の人員，設備及び運営に関する基準（平成11年3月31日厚生省令第37号）」第37条1項を参照。

資料1　事故報告書

介護保険事業者事故報告書

平成　　年　　月　　日

1 事業所の概要	法人名	
	事業所番号	
	事業所（施設）名	
	所在地	
	電話番号	
	記載者氏名	
	サービス種類（事故が発生したサービス）	□介護給付　□予防給付 □居宅介護支援　　　　□訪問介護　　　　　　□訪問入浴介護　□訪問看護 □訪問リハビリ　　　　□居宅療養管理指導　　□通所介護　　　□通所リハビリ □短期入所生活介護　　□短期入所療養介護　　□特定施設入居者生活介護 □福祉用具貸与　　　　□特定福祉用具販売　　□介護老人福祉施設 □介護老人保健施設　　□介護療養型医療施設　□介護予防支援 □小規模多機能型居宅介護　　　　　　　　　　□夜間対応型訪問介護 □認知症対応型通所介護　　　　　　　　　　　□認知症対応型共同生活介護 □その他（　　　　　　　　　　　　　　　　　　　　　　　　　　　　　　　　）
2 対象者	氏名・年齢・性別	年齢　　歳　性別
	住所	
	保険者名	
	要介護度	
	被保険者番号	サービス提供開始日
3 事故の概要	発生日時	
	発生場所	
	事故の種別（複数の場合は，最も症状の重いもの）	□骨折　　　　　　　□異食・誤嚥　　　　□感染症・結核 □打撲・捻挫・脱臼　□その他の外傷　　　□職員の法令違反，不祥事 □切傷・擦過傷　　　□食中毒　　　　　　□その他（　　　　　　　　　） 　　　　　　死亡に至った場合はその死亡年月日：平成　　年　　月　　日
	事故の内容	
4 事故発生時の対応	対処の方法	
	治療した医療機関	
	治療の概要	
	連絡済みの関係機関	
5 事故発生後の対応	利用者の状況	
	損害賠償等の状況	
事故の原因分析および再発防止に向けての今後の取り組み		

3．ショートステイにおける苦情対応

　最初に，用語の確認から行います。「苦情」と「クレーム」という用語があります。同じような意味で使われることもありますが，苦情は「不平や不公平感の発露，あるいはその原因となる事実の改善を求める行為」であり，クレームは「金品による代償を求める行為」と定義されています（外山，2014）。つまり，クレームは苦情より一段上の深刻な現象と言えます。しかし日常業務の中では，クレームだけではなく，その前のレベルである苦情に遭遇することも多々あります。そのため本章では，「苦情」という用語を用いることにします。

　ショートステイにおける苦情について，東京都社会福祉協議会の報告書では，第1位が「**提供しているサービス内容に関すること**」，第2位が「**職員にお願いしたことがきちんとなされていないこと**」，次いで「**けが・病気**」「**精神面・身体面の状態の変化に関すること**」「**職員のマナーに関すること**」と続きます。苦情申立者は，利用者本人より家族が多いと言われます。

　ショートステイの利用者は要介護者本人ですが，ショートステイを依頼しているのは家族であることも，この背景にあります。第1章で説明した「レスパイトケアの二重性」です。家族は，ショートステイの利用中に，施設に足を運びサービスの中身を直接目にすることはほとんどありません。そのため，利用前と利用後の本人の状態の変化や，事前にお願いしておいたサービス提供がなされていないと，施設に対し不信感をおぼえ，それが苦情につながることが考えられます。そのためにも，第1章で述べたように，ショートステイの支援目標である「入所前と入所後の状態が同じであること」が重要となります。また，実際に施設に足を運ぶことが少ない家族に対して，施設のことがよく理解できるように，十分な説明と情報提供を行うことが求められます。

　次に，苦情が発生した時の対応手順について説明します。一般的な苦情対応の手順が次のようになります。

苦情対応の手順

手順①　謝罪　　　手順②　傾聴　　　手順③　事実確認　　　手順④　具体的な提案

---

①謝罪

　たとえ苦情申立者の内容が事実と異なっていても，その人が不快な思いをしてい

ることには違いありません。ここでいう謝罪は,「不快な思いをさせたこと」に対してなされるものです。結果的に施設側に過失がなくても,まずは不快な思いをさせたことに対して謝罪を行う姿勢が求められます。

②傾聴

苦情申立の内容をじっくりと聞くことを指しています。逆に言えば,苦情申立者に存分に話してもらうことです。この段階では,職員側があまり口を挟まないように気をつけることです。思っていることを吐き出すことで,申立者側の「怒り」の気持ちを徐々に抑える効果も得られます。

③事実確認

この段階で,ようやく職員は苦情の内容を確認することになります。申立者の言葉が不足しており,内容が不明瞭な点は,質問をしながら事実関係を明らかにしていきます。

④具体的な提案

苦情の内容に対する施設側としての提案(補償・弁償など)を出すことです。申立者の要望にすべて応えることは難しい場合でも,このレベルまでは対応できるといった具体的な内容を提示し,示談交渉を行うことになります。一連の苦情申立から対応結果までは,報告書(**資料2**)に記載しておきます。

苦情対応では解決を急いではいけません。①②③の段階を経た上で,④を行うというプロセスが大切です。①②③を飛ばして④を行えば,「事態を早く終わらせたいのか」と申立者側の怒りの気持ちを逆なですることにもなりかねないからです。

さて,ここまで苦情対応の手順について述べてきましたが,苦情申立者の中には「クレーマー」と呼ばれる度を過ぎた要求をしてくる人がいることも事実です。

クレーマーに遭遇した場合,1人での対応が難しい時は,複数名で対応することも有効です。1人では精神的に追いつめられることもあり,適切な判断が下せなくなる可能性があるからです。

もちろん,上司への報告,場合によっては対応の協力(交替)を求めることも必要です。それでも対応が難しい場合は,第三者に委任することも視野に入れます。具体的には,法律事務所の弁護士に示談交渉などを委任することです。

クレーマーに遭遇すると,最終解決までに長期間を要する場合があります。施設職員は,そのケースばかりに時間を割いているわけにはいきません。そのためにも,

「これは施設での対応の範疇を超える」と判断したら，速やかに弁護士などの専門家に委任し，施設側は随時経過を確認していくという対応に切り替えることも1つの方法です。

資料2　相談・苦情受付報告書

受付日	年　　　月　　　日（　　　）
受付者	
受付方法	電話　・　来所　・　訪問　・　文書　・　その他（　　　　　　　　）
申立者	氏名： 利用者との関係：
担当ケアマネジャー	
分類	①相談 ②苦情 ③その他（　　　　　　　　　　　　　　　　　　　　　　　　　　）
サービスの種類	①特別養護老人ホーム ②ショートステイ ③デイサービス ④ホームヘルプサービス ⑤その他（　　　　　　　　　　　　　　　　　　　　　　　　　　）
申立者の要望	①話を聞いてほしい ②回答がほしい ③改めてほしい ④弁償してほしい ⑤謝罪してほしい ⑥その他（　　　　　　　　　　　　　　　　　　　　　　　　　　）
予想される要因	①説明・情報の不足 ②サービス量の不足 ③サービスの質の不足 ④その他（　　　　　　　　　　　　　　　　　　　　　　　　　　）
対応方法	①その場で解決 ②後日回答（　　　月　　　日予定） ③相談苦情委員会で検討 ④行政機関へ報告 ⑤担当ケアマネジャーへ報告 ⑥その他（　　　　　　　　　　　　　　　　　　　　　　　　　　）
相談・苦情の概要 および経過	
相談・苦情結果	

Column コーヒーブレイク ⑪ I'm sorry運動

　ショートステイには，転倒などの介護事故が発生しやすい傾向があると言われます。転倒事故の中には，例えば，足元にふらつきがあるため，職員が歩行器の使用を勧めたにもかかわらず，それを使用せずに，転倒してしまうという事例も目にすることがあります。施設の中で起こった事故であるため，いくら利用者が自分で転倒したといっても，施設に責任が全くないとは言えません。こうした事例に遭遇した時，家族に対し「謝罪」をすべきかどうか躊躇（ためら）われることがあります。「謝罪」をした以上，自分たちに「過失」があると認めてしまうように感じるからです。

　訴訟社会と呼ばれるアメリカで，「I'm sorry（謝罪）運動」という取り組みが注目されています。「I'm sorry運動」とは，医師が医療事故を起こした場合，即座に患者や遺族に謝り，事故の経緯や原因などを詳しく説明する取り組みです。アメリカでは医療事故訴訟が多数起こり，賠償金が高騰しているそうです。その結果，医師賠償責任保険の掛け金が高額となり，医師が訴訟の多い州から脱出する現象もみられると言われます。

　ハーバード大学公衆衛生大学院のルシアン・リープ教授は「医師はずっと『医療事故を起こしても，決して認めるな，謝るな』と教えられてきた。そんなことをしたら訴えられるというのが理由だったが，これは神話に過ぎず，事実は逆だ。率直に謝らないから怒りを買って訴えられる。誠実に謝れば訴訟は減る」と語っています。

　冒頭で紹介したような，職員の指導を守らずに転倒に至った事例に対して，職員が「謝罪」を躊躇う気持ちはよく理解できます。しかし，事故の経緯を家族に説明する際，まるで自分たちには関係のない出来事であるかのように淡々と説明をすれば，家族にすれば「怒り」や「不満」の気持ちが生じても仕方ありません。

　「謝罪」したからといって，すぐに損害賠償につながるわけではないのです。むしろ，「謝罪」をすることで，家族の気持ちも冷静になり，その後の解決がスムーズにいくことの方が多いように思います。その意味でも，事故や苦情に対しては，まずは「謝罪」をする習慣を身につけることが，施設運営の上でも重要と言えます。

【参照】国際長寿センター（http://www.ilcjapan.org）

4．医療依存度の高い利用者の受け入れと対応

　医療依存度の高い人のショートステイ利用のニーズが，増加傾向にあると言われます。その一方で，受け皿となる施設が不足しており，医療依存度の高い人およびその家族が，ショートステイの利用を断られることが多く，行き場のない現状があるとも指摘されています[*3]。

　ここではリスクマネジメントの視点から，ショートステイにおける医療依存度の高い利用者の受け入れについて説明します。医療依存度の高い利用者を受け入れるには，次の3つの要素を考慮する必要があると考えます。

医療依存度の高い利用者を受け入れる際の留意点
①利用者本人の状態　　②施設の受け入れ体制（キャパシティ）
③家族の状況

---

①利用者本人の状態

　具体的には，胃ろう，褥瘡，吸引の必要な状態，インスリン，バルーンカテーテル，在宅酸素療法，人工肛門，看取りの状態にある人などが挙げられます。それぞれの状態に応じた医療行為（看護処置など）が必要となります。

　ここで注意すべきは，疾患名や医療行為が必要という情報だけで，受け入れ可否の判断をしないことです。例えば，インスリン注射の必要な人でも，看護職員による注射が必要な人もいれば，自己注射が可能な人もいます。また，吸引でも，1時間ごとに吸引が必要な人もいれば，食後のみの吸引の人もいます。施設側は，表面的な部分だけをみるのではなく，どの程度の医療行為が必要であるかに注目し，受け入れ可否の判断をすることが重要となります。

②施設の受け入れ体制（キャパシティ）

　例えば，看護職員の勤務時間，救急医療機関との連携状況，施設の方針などを指しています。中でも，看護職員の勤務時間は重要な要素です。日勤のみ看護職員を配置している施設と，早出や遅出のシフトを組んでいる施設では，受け入れ範囲もかなり異なります。早出や遅出があれば，朝食前や夕食後の医療行為（インスリンや吸引など）が可能となるからです。看護職員が夜勤をしている体制ならば，より

＊3　厚生労働省の第115回介護給付費分科会（2014年11月19日）によると，2015年度介護報酬改定に向け，重度者に対応するため，看護体制を整えた場合の加算（仮称：医療連携強化加算）を設けるという方向性が示されました。

強力と言えます。また，救急医療機関との連携状況も，受け入れる際の大切な要素です。すぐに救急搬送できる医療機関が存在することは，利用者，職員双方にとって安心です。逆に，医療機関との連携が不十分な状況では，医療依存度の高い人を積極的に受け入れるには二の足を踏むかもしれません。このように受け入れ体制は，施設の置かれている事情によって，それぞれ異なります。医療依存度の高い人を受け入れる際には，当該施設の体制を十分理解した上で行うことが重要です。

③家族の状況

　家族がショートステイ利用に協力的であるか否か，連絡がいつでもとれるか，受診時の付き添いは可能か，ということを指しています。筆者の経験した事例ですが，状態が安定しない医療依存度の高い利用者を受け入れたことがあります。利用中に体調が急変したため，救急受診の手配をしましたが，なかなか家族に連絡がとれませんでした。医療機関側は，家族の意向を確認したいので，早急に来院してもらいたいと要求します。とは言え，施設の職員では，特養入所者と違い，家族に代わり代弁できる範囲に限りがあります。結果的に，家族の到着を待つほか仕方ありませんでした。にもかかわらず，家族からは「施設に（親を）預けているのだから，そちらで何とかしてほしい」という苦言が聞かれました。この利用者の場合，こうした救急搬送がその後も何度か続きました。

　この事例から分かるように，医療依存度が高いにもかかわらず，家族の協力が得られない利用者を受け入れることは，利用者本人にとってもリスクが高い状態にあると言えます。医療依存度の高い利用者の家族との関係は，通常のケース以上に重要です。そのためにも，日頃から家族との関係づくりをしておく必要があります。それが難しい場合であれば，ケアマネジャーを通して，周辺環境（ホームヘルパーによる代替支援，緊急時の取り決めなど）を整えることも必要となります。最初にも述べたように，家族もショートステイを利用する立場ですから，家族の姿勢や態度をみて，利用を拒否することは許されません。しかし，リスクマネジメントの視点からすれば，「家族の状況」も受け入れる際に考慮する必要があります。

　このように医療依存度の高い人の受け入れについては，単に本人の状態だけで判断するのではなく，「施設の受け入れ体制」や「家族の状況」で，対応が異なってくることが分かります。窓口担当の生活相談員は，受け入れる際に「利用者本人の状況」「施設の受け入れ体制」「家族の状況」を総合的に判断していく必要がありま

す。その上で，利用期間の調整や，緊急時の対応を事前に取り決めておくことが重要です。

また，同じ症状の人が同じ日に重ならないような調整も必要です。例えば，この医療行為（インスリン，胃ろうなど）は1日何人までとルールを作って，受け入れている施設もみられます。本来，利用者側のニーズにより受け入れることが理想的ですが，利用者に安心してショートステイを使ってもらうためには，一定の条件を設けることで，リスクを軽減するという考え方も必要と言えます。

5．認知症のBPSDがみられる利用者の受け入れと対応

ショートステイ利用者の中にも，認知症のみられる人は少なくありません。その中には，BPSD（行動・心理症状）が顕著にみられる人も含まれています。そこで，認知症のBPSDがみられる利用者の受け入れについて，リスクマネジメントの視点から考えてみたいと思います。

医療依存度の高い利用者の受け入れと同じように，ここでも3つの要素（利用者本人の状態，施設の受け入れ体制，家族の状況）に分けて考えてみます。

①利用者本人の状態

ショートステイ利用中に特に問題となるのは，徘徊，粗暴行為，異食行為，大声，急な立ち上がり行為などの症状です。こうした症状自体が問題なのではなく，「他の利用者に影響があること」「放置すると利用者自身の身体に影響が出ること」ということが問題の背景にあると考えられます。

BPSDの出現には，何らかの「理由」があると言われます。こうした「理由」を丹念に探っていき，それにアプローチすることで，症状の回復・軽減が見込まれます。ただし，BPSDの背景にある「理由」を探るには，利用者の行動パターンをじっくりと観察する必要があります。

ショートステイにおいてBPSDの顕著な人を受け入れる問題点は，ここにあります。特養などの長期入所と違い，施設での滞在期間が限られているからです。それゆえ，十分な対応ができずに，BPSDの症状のみがクローズアップされる傾向があります。BPSDの中でも，他の利用者への影響が出る言動が生じた場合（大声，粗暴行為など）は，他の利用者（特に認知症でない人）がショートステイを敬遠する遠因となることもあります。また，急な立ち上がり行為は，転倒事故の要因になり得ます。異食行為も，誤嚥の可能性につながります。事故などで負傷するようなこ

とがあれば，利用者自身にとっても不利益な結果となるのです。

BPSDが理由で，受け入れを拒否するようなことは避けなければいけません。とは言え，BPSDの状況を把握しないまま受け入れれば，リスクが高まる可能性も考えられます。BPSDを理解し，その影響を想定した上で受け入れることが重要と言えます。

②施設の受け入れ体制（キャパシティ）

例えば，同じ症状の利用者を受け入れるにしても，施設の体制により受け入れの水準は異なります。施設の体制を，ソフト面とハード面に分けて考えてみます。ソフト面は，職員の配置（法令による基準より多めの配置か），職員の熟練度（ベテラン職員の多寡など）を指しています。

一方，ハード面は，居室の形態（個室か多床室か），認知症専門フロアの有無，施設の規模（ユニット型かワンフロア型か）を指しています。BPSDが著しい利用者に対しても，個別対応が可能な施設である場合とそうでない場合では，受け入れのハードルが違ってくるでしょう。また，夜間に大声を出す利用者であっても，多床室と個室では対応が違ってきます。当該施設の体制を把握した上で利用者を受け入れることが，リスクマネジメントを考える際には重要と言えます。

③家族の状況

本来，家族もショートステイを利用する立場であるため，家族が協力的でないという理由で利用を断ることは許されません。その一方で，BPSDの著しい利用者を受け入れるにあたり，家族の協力は不可欠と言えます。専門知識を備えた職員であっても，BPSDに最初からうまく対応できるとは限りません。試行錯誤を重ね，症状が軽減するには時間を要することもあります。施設の職員の力だけでは，すべてのBPSDに対応することは容易ではありません。こうした場合，家族の協力的な姿勢は，施設における支援を後押ししてくれることになります。

筆者の経験した事例で，帰宅願望の頻繁にみられる利用者に対し，家族に相談したところ，「手紙」を持参してくださったことがあります。「手紙」は家族の直筆で書かれており，「家の者が留守になるので，○日までショートステイを利用してください」といった内容が書かれていました。利用者が「家に帰りたい」と訴えてこられた時，その都度この手紙を見せると，一時的に症状がおさまったことがあります。こうした家族のアイデアは，施設での支援内容で足りない部分を補ってくれることにもなるのです。

以上，リスクマネジメントの視点から，認知症のBPSDがみられる利用者の受け入れに関する3つの要素について考えてきました。リスクマネジメントとしては，どの部分が脆弱であるかを見極めた上で，受け入れをしていくことが重要です。

　施設の体制が安定していれば，BPSDが顕著にみられる利用者の受け入れも前向きに行うことが可能です。その反対に，施設の体制が不十分な状態であれば，BPSDの著しい利用者を受け入れると，さまざまなリスクが生じる可能性があります。

　また，家族の協力的な姿勢があれば，施設での支援のヒントを得られる可能性もあります。反対に，家族が協力的でなかったり，サービス利用に無関心であったりすれば，ショートステイの支援目標を定めにくいことも事実です。窓口担当の生活相談員としては，利用者の状態，施設の体制，家族の姿勢などを総合的に判断しながら，受け入れ業務に反映させていくことになります。具体的には，利用期間の長短の調整，BPSDが著しい利用者が同じ日に重複しないか，利用者同士の相性などを勘案し調整することになります。さらに，無断外出（離設行為）がみられる利用者に対しては，他のフロアの職員にまで利用者情報を周知徹底し，施設全体でリスクを軽減する方法をとることが大切です。

　認知症のBPSDがみられる利用者の家族は，介護負担やストレスも大きく，その意味でもショートステイ利用のニーズは高いと考えられます。こうした利用者を積極的に受け入れることは，介護施設の使命として重要です。ただし，リスクマネジメントの観点からすれば，何も対策をとらずに受け入れ続けると，結果的に事故を誘発することにもつながりかねません。その意味でも，利用者の症状だけに注目するのではなく，施設の体制や家族の姿勢なども加味した受け入れをすることが大切と言えます。

6．ショートステイにおける感染対策

　併設型の施設で感染症が流行すると，「ショートステイの利用者が感染症を持ち込んだのでは？」と疑いの目を向けられることがあります。特養の入所者は，基本的に外部に出かけることは少ないため，外部から来るショートステイ利用者に疑いの目が向けられるのです。

　すべてのケースがそうとは言えませんが，ショートステイ利用者に感染症のリスクが低いとは言い切れません。感染症を施設に持ち込まないという視点に立てば，受け入れの水際で防ぐことは重要です。とは言え，感染症に関しては，目で見える

ものではないため，判断が難しいことは事実です。利用時点で症状が出ていなくても，すでに感染している場合もあり得るからです。

　感染対策についても，「事前対応（予防）」と「事後対応」の2つの視点からみてみます。まず事前対応ですが，複数のチェック体制を設けることが求められます。感染症の流行が始まるシーズン（おおむね11月頃）の前に，利用者・家族に書面（**資料3**）などで注意喚起を促します。家族の中には，感染症に対する知識を持ち得ず，症状があっても利用する人がみられます。また，症状があることは理解していても，用事があるため，無理にでも預けようとする家族がいることも事実です。こうならないためにも，事前に注意喚起をすることは大切です。また，可能であれば，インフルエンザの予防接種を勧めることも方法の1つです。

資料3　感染症予防の注意喚起を促す書面

平成○年○月○日

ご利用者・ご家族各位

　　　　　　　　　　　　　　　　　　　　　　　○○ショートステイ
　　　　　　　　　　　　　　　　　　　　　　　管理者　　○○○○

ショートステイ利用者の感染症予防・拡大防止のお願い

　時下，ますますご健勝のこととお喜び申し上げます。平素は，当サービスをご利用いただき，厚くお礼申し上げます。
　さて，今年も寒くなり感染症（インフルエンザ，ノロウイルスなど）が流行しやすい季節となりました。
　つきましては，<u>37.5度以上の発熱および下痢・嘔吐などの症状がみられる方は，速やかに下記の担当職員またはケアマネジャーにお知らせください。</u>
　なお，ご利用中にこれらの症状がみられた場合は，<u>ご帰宅いただく場合もあります</u>ので，予めご了承ください。
　ご多忙のところ恐縮ですが，ご協力いただきますよう，お願い申し上げます。

　　　　　　　　　　　　　　　　　　　　〈連絡先〉
　　　　　　　　　　　　　　　　　　　　○○ショートステイ
　　　　　　　　　　　　　　　　　　　　担当：○○○○
　　　　　　　　　　　　　　　　　　　　TEL○○○－○○○○

ケアマネジャーにも，感染症に関する情報提供を依頼しておきます。例えば，他の施設で感染症が流行している場合，その施設のサービスを利用した人が，当施設のショートステイを利用することも考えられます。さらに，利用前日に，利用者宅に電話を入れ，発熱や嘔吐などの症状はないかなどを確認することも必要です。このように，何重にもチェック体制をとり，予防に努めることが重要です。

　チェック体制をとっているにもかかわらず，利用中に感染症が疑われる場合もあります。感染症が発覚した後の対応としては，速やかに受診をすること，多床室であれば個室（静養室など）に移すこと，場合によっては途中帰宅してもらうことも考えます。途中帰宅の方法は極力避けたいものですが，他の利用者への影響を勘案すると，こうした対応も選択肢の1つと考えられます。

　最後に，感染症のリスクマネジメントとして，注意すべき点を述べます。感染症のブロックに力を注ぐあまり，受け入れのハードルを高くしてしまうことがあります。あるいは，症状の疑いがあれば，安易に断ってしまうことがあります。筆者も，次のような経験があります。

> 　ショートステイの利用前日，生活相談員より「下痢や嘔吐症状はないか」という確認の電話がある。家族が「昨日より軟便が続いている」と答えたところ，生活相談員から「感染症が流行していることもあり，軟便などの症状がみられる人は，利用を見合わせていただいている」と告げられ，急遽利用が中止となった。ケアマネジャーが後日事情を確認したところ，当該利用者は便秘傾向であるため，排便が3日間みられない場合は下剤を服用しているということであった。

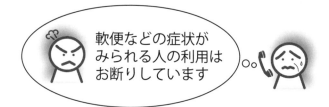

　この事例では，下痢症状は感染からくるのではなく，下剤服用の影響であったことがあとから分かりました。感染の流行時期に軟便症状があれば，感染を疑ってしまいがちです。施設の職員は神経をとがらせているため無理もありませんが，利用を断られた人にすれば，納得がいかないことでしょう。後々，苦情に発展するかもしれません。職員としては，感染を予防し，拡大させない措置をとりながらも，慎重に利用者を受け入れていくというプロセスが求められることになります。

Column コーヒーブレイク ⑫苦情を「宝物」に

　ショートステイは，介護サービスの中でも，苦情が多く寄せられるサービスの1つと言われます。このため，ショートステイの担当者になることを嫌がる職員がいることも事実です。

　苦情と言えばマイナスのイメージでとらえがちですが，プラスの面もあります。例えば，施設の中で「業務を改善したい」と感じたとしても，すぐに改善すべきか否か決断できないこともあります。特に外部からの要請がなければ，わざわざ改善することもないと思ってしまうからです。その点，「苦情」という形で外部からの声があがってくれば，それを理由に業務改善に踏み切ることもできます。本来，苦情を待っていてはいけませんが，発生した苦情はプラスに考えることもできるのです。

　「ジョン・グッドマンの法則」というものがあります。これは，商品・サービスを購入し，お客様が何も申し立てをしなかった場合のリピーター率は9％であるのに対し，商品・サービスを購入したお客様が苦情を訴え，それに職員が真摯な対応をみせた場合，リピーター率は65％にのぼるというものです。つまり，苦情に真摯な対応をした時こそが，リピーターを獲得するチャンスと言えます。

　サービスの質が高いことで有名な東京ディズニーランド（TDR）でも，苦情が年間数千件あると言われます。施設と比べ規模が違うとはいえ，途方もない数字です。TDRでは，そうした苦情に一つずつ目を通し，真摯に対応していきます。これがリピーター率を高める要因の1つにもなっているのだそうです。

　冒頭でも述べたように，ショートステイは介護サービスの中でも，苦情が多いと言われます。逆に言えば，ショートステイに寄せられる苦情は，その施設のサービスの質を押し上げる原動力にもなり得るのです。苦情に真摯に対応することで，サービスのレベルアップを促し，それが稼働率の向上につながるのであれば，苦情は「宝物」とも言えるでしょう。

　　　【参照】小松田勝：ディズニー感動のサービス，中経出版，2011．

第4章のまとめ

◎**裁判例から学べるリスクマネジメントのポイント**

　①安全配慮義務

　②注意義務（予見可能性，結果回避可能性）

　③アセスメント，個別援助計画，事故後の迅速かつ適切な対応が必要

◎**苦情対応の手順**

　①謝罪

　②傾聴

　③事実確認

　④具体的な提案

◎**医療依存度の高い利用者の受け入れに関する勘案要素**

　①利用者本人の状態

　②施設の受け入れ体制（キャパシティ）

　③家族の状況

◎**認知症のBPSDがみられる利用者の受け入れに関する勘案要素**

　①基本的には医療依存度の高い人の場合と同じ

　②調整のポイントは，利用者同士の相性，利用期間の長短，同じ日に重ならないか

◎**感染症への対策**

　①感染症流行の季節に入る前に利用者・家族に注意喚起を行う

　②利用前日の体調の確認

　③感染症が発生した場合は，受診対応，居室の移動，途中帰宅を検討する

　④感染症に神経質になるあまり，受け入れのハードルを過度に上げない

第5章
ショートステイにおける
支援困難事例の実際

　この章では，ショートステイにおける支援困難事例を取り上げ，事例の問題点や支援内容についてみていきます。ここで紹介する事例の中には，最終的に「良い結果」が得られなかった事例もあります。その場合も，振り返ってみて，どのように支援すればよかったのかという視点で考えてみたいと思います。「失敗例」から学ぶことにも意義があると考えるからです。

　なお，ここで紹介する事例は，利用者の個人情報およびプライバシーに配慮し，内容が損なわれない程度に加工していることを前置きします。また，各事例には個別援助計画書を添付していますが，この計画書は「問題」が起こる以前に作成したものです。

CASE1　帰宅願望を伴う粗暴行為がみられた事例

◆事例のプロフィール

Aさん，80歳代後半，女性

既往歴：脳梗塞後遺症，高血圧症，
　　　　脳血管性認知症

要介護度：要介護4

家族状況：長男夫婦と同居

主介護者：長男の妻

認知症高齢者自立度：Ⅲa

障害高齢者自立度：B2

利用目的：介護の代替（主介護者の入院），緊急利用

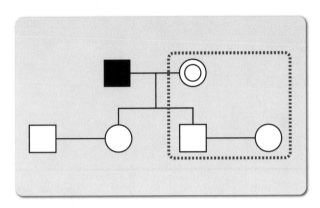

◆事例の概要

　主介護者（長男の妻）が入院することになり，在宅でAさんの介護をする者が不在となるため，ショートステイを利用したいと，ケアマネジャーより緊急利用の連絡が入る。翌日から3日間，部屋の「空き」があり，受け入れることになった。

　主介護者は不在（入院中）であるため，生活相談員は他の家族（長女）と面接することになった。長女は，現在Aさんと同居していない。長女から，簡単に情報収集を行い，契約を交わした上で，Aさんは翌日から，ショートステイの利用となる。

　Aさんは，脳血管性認知症との診断であり，ショートステイ利用中は，認知症専用棟で過ごしてもらうことになった。施設に到着後，しばらくしてから，帰宅願望が出現し，レクリエーションへの参加や昼食を勧めるものの，頑なに拒否がみられた。

　午後になると，帰宅願望は激しさを増し，「殺せ！　死にたい！」「悪いことをしていないのに，こんなところに連れてこられた！」と大きな声で訴えるようになった。他の利用者が怯える様子がみられたため，Aさんには個室（居室）で過ごしてもらうようにした。居室に移動しても，帰宅願望は続き，居室のドアを蹴ったり，自分の頭を壁にぶつけたりする行為が頻繁にみられるように

なった。介護職員からの要請で、生活相談員が応援に駆けつけ、Aさんにマンツーマンで付き添うことになった。一時的に症状はおさまったものの、生活相談員がその場を離れると、再び症状がみられた。夕方になるにつれ、症状がますますエスカレートしていった。

　夜勤の時間帯でマンツーマン対応をすることは難しいと考え、生活相談員からケアマネジャーに電話を入れ、これまでの経緯を説明した。それを受けて、ケアマネジャーが長女と連絡をとり、これ以上Aさんのショートステイ利用は難しいと判断し、途中で帰宅してもらうことになった。前日の情報収集では、Aさんのこうした症状は確認されなかった。

◆事例の問題点
①情報収集の不十分な点
　緊急利用とはいえ、普段介護をしていない長女からの聞き取りのみしか行っていないことから、Aさん本人の認知症のBPSD（行動・心理症状）に関する情報収集ができていなかった点が挙げられます。

②本人の意向確認が不十分な点
　Aさん本人が、ショートステイ利用に「納得」していない様子がうかがえます。Aさんには認知症がみられるため、説明をしたから「納得」が得られるとは断言できませんが、かといって十分な説明も行わずに、Aさんを施設に連れてきたことが、AさんのBPSDを増大させている要因の1つと考えられます。

③居室の移動による影響
　AさんのBPSDの出現に対し、他の利用者が怯えるという理由で、Aさんの居室を変更しています。急な環境の変化が、BPSDをさらに顕著にしている可能性は否定できません。個室で1人でいるようになったため、余計に大きな声を出していることも考えられます。

◆支援の方向性
①多角的な情報収集の必要性
　主介護者である長男の妻が入院したため、Aさんの日常生活を詳しく知らない長女から、生活相談員は聞き取りをしています。この場合、Aさんと同居している長

男に確認することも必要だったと考えられます。

　また，家族が忙しく連絡がとりにくい場合は，ケアマネジャーや他の介護サービスの職員からの情報収集も欠かせません。場合によっては，主治医からの意見も参考になります。緊急利用で，主介護者が不在の場合でも，利用者にかかわる周辺にアプローチし，多角的に情報収集を行う必要があります。

②利用者本人へのアプローチ

　ショートステイの利用に，Ａさん自身が「納得」していないことが分かります。Ａさんには認知症がみられるため，説明をしても，すぐに効果はみられない可能性はあります。そのため，Ａさんの関心のあることを家族やケアマネジャーなどから聞き取り，施設（ショートステイ利用中）で行うということも1つの方法です。帰宅願望が強い利用者への対応として，利用者の「関心」を別の方向に向けることも有効と言えます。

③施設での対応方法

　ＡさんにBPSDが顕著にみられた時点で，生活相談員がマンツーマン対応をするなど，個別のかかわりをするようにしています。その点は適切と言えますが，チームプレーが不十分であるように思われます。

　BPSDの顕著な利用者に対しては，職員もどのように接してよいのか戸惑うことがあるのも事実です。こうした場合，個々人がバラバラに対応しようとするのではなく，施設内でのカンファレンスを開催するなどして，チームとしての対応方法を確認することも重要です。業務が忙しい状況は理解できますが，短時間でもよいので，Ａさんへの対応方法について情報共有をした上で，チームとしての方針を立てることが必要です。

◆事例から学ぶ点

　この事例は，家族の入院により介護者が不在となるため，緊急的にショートステイを利用することになったものです。緊急利用は，利用者側・職員側の双方にとって，十分な準備ができないデメリットがあります。とは言え，緊急利用だからといって対策を怠ると，この事例のように「途中帰宅」という結果にもつながりかねません。さまざまなルートを活用して情報収集に努め，可能な限り安全面に配慮した利用を心がけることが重要と言えます。

CASE1　短期入所生活介護計画書（援助内容の確認）

利用者名：　　　A　　　様

【要介護度】
- 要介護4（平成○年○月○日〜平成○年○月○日）

【短期目標】※居宅サービス計画書（2）より転記
　①安心して入浴ができる
　②内服治療を継続する

【計画の有効期間】
- 平成○年○月○日〜平成○年○月○日　（作成日：平成○年○月○日）

【移動】
- 施設内の移動は，車いす（普通型）を使用する。
- 移動や移乗の際は，立位などの介助を行う。
- 立位時やベッドからの移乗の際に，転倒がないように見守りを行う。

【食事】
- 食事形態は，主食が米飯，副食は粗刻み。好き嫌いやアレルギーは特にない。
- 食事動作は，自力摂取が可能。

【排泄】
- 昼夜，紙パンツとパッドを使用する。
- 尿意・便意の訴えがみられるため，トイレ誘導を行う。

【入浴】
- 特殊浴槽を使用する。
- 洗身・着脱は，一部介助を行う。
- 入浴中に座位が不安定になる可能性があるため，見守りを行う。

【送迎方法】
- 車いすのまま乗車できる車両を使用する。車いすは本人が持参する。
- 入所時は，自宅に9：30頃に到着するように送迎を行う。
　退所時は，施設を16：00頃に出発する。

【特記事項】
- 部屋は多床室を用意する。夜間は，ポータブルトイレを設置する。
- レクリエーションや体操時には，声かけをし，参加を促す。
- 食後の内服を忘れないように職員が確認する。

〈作成者〉　　　　○○○○（生活相談員）
〈説明・同意日〉　平成○年○月○日
〈署名・捺印〉　＿＿＿＿＿＿＿＿＿＿＿＿＿㊞

CASE2 無断外出（離設行為）がみられた事例

◆事例のプロフィール

Bさん，70歳代後半，男性
既往歴：アルツハイマー型認知症
要介護度：要介護3
家族状況：妻と長男夫婦と同居
主介護者：妻
認知症高齢者自立度：Ⅲa
障害高齢者自立度：J2
利用目的：レスパイトケア（妻の介護疲れ）

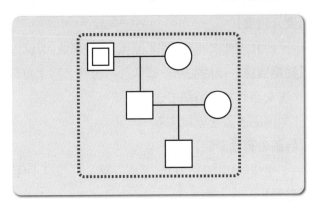

◆事例の概要

　Bさんは，認知症はみられるが，その場の意思疎通は可能であり，性格も穏やかである。身体状況も自立しているため，ショートステイ初回（8月上旬）は一般棟（2階）を利用することになった。

　施設到着後，環境の変化からか，Bさんは落ち着きがなく，ソワソワしている様子がうかがえた。その後，帰宅願望や徘徊といったBPSDがみられるようになったため，職員が注意して見守りをしていた。しかし，職員が目を離した隙に，「無断外出（離設行為）」がみられた。

　施設の玄関前で，事務員がBさんを発見したため，大事には至らなかった。Bさんにどのように外に出たかを確認するも，返答はなく，はっきり覚えていない様子であった。状況から判断すると，面会者と一緒にエレベーターで1階に降りたものと推察される。

　2回目（9月上旬）の利用は，前回「無断外出」がみられたこともあり，認知症専用棟（1階）を利用することになった。今回の利用時も，Bさんにはソワソワしている様子がうかがえた。昼食後，Bさんの姿がみられないことに，職員の一人が気づいた。それを受け，当日出勤している職員が招集され，全員で施設内を捜索することになった。

　Bさんは，面会者が出入りする際に，一緒に「外出」したものと推測される。

施設内で発見されなかったため，施設の外（周辺地域）を捜索することになった。職員が手分けして捜索するが，夕方になっても，Bさんは発見されないままであった。休み（非番）の職員も招集され，捜査範囲を拡大した。この時点で，ケアマネジャーへの経過の説明を行った。並行して，管区の警察に捜査依頼を行った。しかし，Bさん発見の手がかりは得られないままであった。

23時頃，施設から約9km離れた所でBさんが発見されたと，発見者（地域住民）から警察を通じ，電話が入った。職員が直ちに現場に向かい，Bさんをいったん施設までお連れした。医師の判断により，脱水を起こしている可能性もあることから，協力医療機関に入院してもらうことになった。入院するも身体状況などは特に問題はなかったため，Bさんは翌日自宅に帰宅することになった。

◆事例の問題点

①見守りが不十分であった点

初回利用時，2回目の利用時ともに，Bさんは職員が目を離した隙に，「無断外出」がみられました。Bさんはアルツハイマー型認知症があり，身体面では自立歩行が可能な状態です。施設に到着した時点で徘徊行為が確認されているので，「無断外出」につながる可能性は否定できません。

初回や2回目の利用時点では，職員も利用者の行動パターンを十分に把握しきれていません。そのため，しっかりと利用者の見守りを行う必要があります。徘徊や無断外出のリスクが高いにもかかわらず，見守りが不十分であった点に問題があると言えます。

②居室・フロアを変更した点

居室・フロアを変更したこと自体に問題があるとは言えません。問題は，フロアの変更に伴い，職員間の情報共有が徹底されていなかった点です。1回目の利用が一般棟で，2回目が認知症専用棟であるということは，認知症専用棟の職員にすれば，Bさんは初回利用と同じです。そのため，前回の教訓が生かせていなかった可能性があります。

認知症専用棟のドアは施錠されており，自由な外出は制限されています。しかし，面会者の出入りは自由にできることに配慮が及んでいなかった点は否定できません。

フロア変更による職員間の情報共有の徹底不足が，同じミスを生んだと言えます。

③関係者への連絡が遅かった点

　Bさんが行方不明になって，かなりの時間を経た時点で，ケアマネジャーに経過の報告をしています。また，管区の警察に捜索依頼をしているのも，この時点です。特に警察への捜索依頼は，もっと早い時点でもよかったのではないでしょうか。夕方で辺りが暗くなる頃よりは，日中の明るい中の方が，捜索も行いやすいはずです。

　施設側としては，最大限自分たちで捜索をした後，関係者に連絡を入れるというスタンスだったのかもしれませんが，やはり「無断外出」が生じた場合の関係者への連絡は，速やかに行われる方が望ましいと言えます。

◆支援の方向性

①施設全体での見守り体制

　徘徊のみられる利用者への見守りは，フロアの職員だけでは限界があるのも事実です。こうした場合，他のフロアの職員や，玄関に近い事務室の職員にも，利用者情報を周知徹底させる必要があります。初回入所の時点で，顔写真を撮っておくことも，後々の捜索には役立ちます。可能であれば，その日の衣類の色などもチェックしておくとよいでしょう。

②事前面接時における家族への説明

　徘徊がみられる利用者については，事前面接の段階で，家族と無断外出を想定した内容について確認しておくことも大切です。第4章でも述べたように，施設の体制により，対応できる範囲は異なります。認知症専用フロアの有無，フロアの規模，職員数なども関係してきます。こうした情報を契約の時点で家族に説明し了解を得た上で，ショートステイを利用してもらうことが大切です。

③捜索方法の効率化とマニュアルの作成

　捜索をする段階で，個々人がバラバラに行動していては効果が半減します。まず，捜索の前に，全員が集合し，捜索に携わることができる職員数，捜索に使える車両の数，携帯電話の確認などを行います。そして，どの方面（地域）をどの職員が捜索するかということを，おおむね決めておくことが大切です。同じ地域を偏って捜

索していても効率が悪いからです。

　無断外出は，そう度々あることではありません。あったとしても，ほとんどは施設の近くで発見されることが多いと思われます。逆に言えば，忘れた頃に起こる可能性が高いのです。そのためにも，マニュアルを作成し，初めて経験する職員でも対応ができるように，普段から備えておくことが重要です。

◆事例から学ぶ点

　この事例は，認知症のある利用者が無断外出をし，捜索をするもなかなかみつからず，深夜に発見されたというものです。初回でみられたミスを，2回目も繰り返したことは施設側が反省すべき点です。

　また，関係者への通報が遅くなったことも問題点として挙げられます。普段から無断外出への対応に慣れていないため，各人がどのように対応してよいか分からなかったことが背景にあります。そのためにも，無断外出対策マニュアルを作成しておく必要があります。

　この事例は，8月，9月という気温が高い季節に起こっています。医師が脱水症を心配して入院の手続きをとったことは，適切な判断と言えます。また，利用者が無断外出中に転倒している可能性も考慮すると，発見後は身体状況を十分にチェックすることも重要です。

CASE2　　　短期入所生活介護計画書（援助内容の確認）

利用者名：　　　B　　様

【要介護度】
- 要介護3（平成○年○月○日～平成○年○月○日）

【短期目標】※居宅サービス計画書（2）より転記
　①定期的に介護者が休息できる機会を持つ
　②安全に歩行をすることができる
　③他者との交流を通じて，気分転換ができる

【計画の有効期間】
- 平成○年○月○日～平成○年○月○日　（作成日：平成○年○月○日）

【移動】
- 自立歩行。
- ただし，転倒などの危険がないように見守りをする。

【食事】
- 食事形態は，主食・副食ともに普通食。好き嫌いやアレルギーは特にない。
- 食事動作は，自力摂取が可能。

【排泄】
- 昼夜ともに紙パンツを使用。
- トイレの場所が分からない場合は，トイレまで誘導を行う。

【入浴】
- 一般浴槽を使用する。
- 洗身は，一部介助を行う。なるべく本人に行ってもらう。
- 着脱は，衣類の順番を間違える可能性があるので，見守りが必要。

【送迎方法】
- 一般車両を使用する。
- スムーズに車両に乗車できるように，職員が声かけをし誘導する。
- 入所時は，自宅に9：00頃に到着するように送迎を行う。
　退所時は，施設を16：00頃に出発する。

【特記事項】
- 部屋は多床室を用意する。
- レクリエーションや体操時には，声かけをし，参加を促す。

〈作成者〉　　　　○○○○（生活相談員）
〈説明・同意日〉　平成○年○月○日
〈署名・捺印〉　＿＿＿＿＿＿＿＿＿＿＿＿㊞

CASE3 転倒事故により骨折し入院となった事例

◆事例のプロフィール

Cさん，80歳代前半，女性

既往歴：アルツハイマー型認知症，
変形性膝関節症，骨粗鬆症

要介護度：要介護3

家族状況：長男夫婦と同居

主介護者：長男の妻

認知症高齢者自立度：Ⅱa

障害高齢者自立度：A2

利用目的：レスパイトケア（介護者のリフレッシュ）

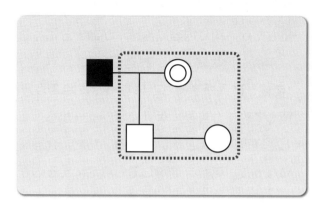

◆事例の概要

　Cさんは，長男夫婦と3人暮らしをしており，主介護者は長男の妻である。毎月定期的にショートステイ（1週間程度）を利用している。アルツハイマー型認知症であり，場所の認識が少しあいまいであるものの，BPSDはほとんどみられない。自宅では，伝い歩きをしているが，施設では歩行器を使用している。ただし，足元にふらつきがみられ，歩行状態は不安定である。トイレの場所が認識できないこともあるが，その都度，職員が誘導すれば，自分でトイレで用を足せる。

　ショートステイ利用中，他の利用者から「部屋で誰かが転倒している」と助けを求める声が聞かれたので，職員が駆けつけたところ，Cさんが転倒していた。痛みの訴えが続くため，救急センター受診をしたところ，大腿骨骨折という診断であった。手術が必要であるため，そのまま入院することになった（ショートステイはその時点で中止）。家族（長男の妻）に連絡し，謝罪をした上で，事故の経緯を説明した。また，事故の補償として入院費用は施設が負担することを説明し，了承を得た。

　翌日，家族（長男の妻）より「昨晩，病院から電話があった。（母が）認知症のためベッドから降りようとする行動があり，目が離せないので，夜間に付

き添ってほしいと言われ困っている」という電話が入る。苦情の内容は，施設に対する内容というよりは，病院に対するものであった。生活相談員が電話対応したが，同じ内容（苦情）が数十分にわたり繰り返された。

　手術も無事終わり，数週間後には，Cさんはリハビリ目的で老人保健施設（老健）に入所することになった。約3カ月間の入所の予定である。老健に入所して約1カ月後，ケアマネジャーから「Cさんは，老健でもリハビリをこなし，経過は順調と聞いている。ただ，介護をしていた長男夫婦が別居することになった。老健を退所しても自宅に戻るのが難しいので，特養の入所申し込みも視野に入れている」と連絡が入った。

　ケアマネジャーによると，長男夫婦は，もともと障害者共同作業所に通っており，そこで知り合い結婚したという。夫は交通事故による脳挫傷後遺症，妻は精神疾患があるという。病院から夜に電話があり，付き添いを言い渡されたことで，長男の妻はパニックになった。それ以来，夫婦関係が悪化してきたということであった。こうした家族に関する情報は，ケアマネジャーからは事前に知らされていなかった。ショートステイの契約手続きは長男の妻が行ったが，落ち着いており，特に精神面に疾患を抱えているようにはみえなかった。

◆事例の問題点
①家族に関する情報収集が不十分であった点

　Cさんのショートステイ利用にあたって，利用者本人に関するアセスメントはできていたものの，家族に関するアセスメントが不十分であった点が，問題として挙げられます。ただし，この事例の場合は，生活相談員の力量不足というよりは，ケアマネジャーが事前に伝えていなかったことに問題があると言えます。

　生活相談員が事前面接で家族と会話をした時点では，家族は落ち着いた状態であり，問題があるようにはみえなかったと報告されています。事前面接は初回に行われるもので，それ以降に，施設の職員が家族と接する機会は限られます。そのためにも，ケアマネジャーは施設に対し，家族に関する情報も含めて提供する必要があったと言えます。

②病院からの電話が家族を混乱させた点

　入院中の病院からの電話をきっかけに、長男の妻がパニックを起こしました。電話の詳しい内容は分かりませんが、長男の妻の混乱ぶりからも、電話をした病院の職員は高圧的な口調であった可能性があります。

　長男の妻は、Cさんの入院による不安を抱えている上に、病院から付き添いの要請があったことで、パニック状態に陥ったのではないかと推測されます。これらが、夫婦関係を悪化させることになった遠因の1つと考えられます。

③環境の変化による影響

　Cさんは、アルツハイマー型認知症ではありますが軽度のレベルで、自宅ではBPSDはほとんどみられませんでした。ショートステイ利用中も、トイレの場所が分からなくなることはありましたが、職員が誘導すれば問題ありませんでした。しかし、転倒、骨折、入院と、短期間に劇的に生活環境が変化したことが、Cさんに混乱をもたらした可能性は否定できません。

　こうした生活環境の変化が、Cさんを精神的に不安定にさせ、病院のベッドから降りようとする行為を誘発したのではないかと推測されます。

◆支援の方向性
①ケアマネジャーと施設職員の連携

　施設の職員は、事前面接で情報収集を行いますが、それだけでは限界があります。それに比べると、ケアマネジャーは要介護認定を受けるようになった経緯から現在までを継続的に把握しているため、利用者に関する情報も（施設職員よりは）たくさん保有しています。

　この事例では、家族に関する情報提供の不十分さが問題に挙げられるため、ケアマネジャーと施設職員の一層の連携が重要と言えます。

②家族への接し方に配慮が必要

　主介護者（長男の妻）に精神疾患があり、病院からの電話連絡に対して、パニック状態が生じたと考えられます。一般的な感覚からすれば、「それくらいでパニックを起こすのは大げさ」と思われるかもしれませんが、精神状態が安定しない人からすれば、ストレスが想像以上に大きかったと推測されます。

①とも関連しますが，施設側が家族の置かれている状態を把握していれば，入院先の病院職員にも申し送りができ，家族への接し方にも一定の配慮ができたのではないかと思われます。

◆事例から学ぶ点
　この事例は，Cさんがアルツハイマー型認知症，長男が脳挫傷後遺症，長男の妻が精神疾患を抱えており，家族全員が何らかの支援が必要な状態です。同一家族内で複数の問題を抱えており，慢性的に依存状態にある家族を，「多問題家族」と呼びます（中央法規出版編集部，2007）。この事例もそれに該当すると言えるでしょう。こうした家族は，平常時には一見問題がないようにみえますが，トラブルが発生した時に，混乱が生じやすい傾向があります。

　この事例では，軽度の認知症はあるものの，Cさんが家庭の中心的存在で，家族をまとめていた可能性があります。そのCさんが入院したことにより，家族関係が瓦解していった印象を受けます。要介護者本人のみならず，他の家族員にも支援が必要な家族の場合，関係者間での情報交換を密にし，対応方法について統一しておくことが重要です。

CASE3 　　　　短期入所生活介護計画書（援助内容の確認）

利用者名：　　　　C　　　様

【要介護度】
　・要介護3（平成○年○月○日～平成○年○月○日）

【短期目標】※居宅サービス計画書（2）より転記
　①安全に移動動作が行える
　②快適に入浴ができる
　③安全にトイレを使用できる
　④ショートステイを利用することで家族が休養をとれる

【計画の有効期間】
　・平成○年○月○日～平成○年○月○日　（作成日：平成○年○月○日）

【移動】
　・施設では歩行器を使用する。歩行器（U字型）は施設が準備する。
　・歩行が不安定であるため、移動時は見守りをする。

【食事】
　・食事形態は、主食・副食ともに普通食。
　・食事動作は、自力摂取が可能。
　・乳製品が苦手。代替品を提供する。

【排泄】
　・昼夜ともに紙パンツにパッドを使用。
　・尿意・便意の訴えがあるため、その都度、トイレまで誘導する。

【入浴】
　・一般浴槽を使用する。
　・洗身・着脱は、一部介助を行う。
　・浴槽をまたぐ時に、手を支えるなどの介助を行う。

【送迎方法】
　・一般車両を使用する。玄関から車両までは手引き歩行。
　・入所時は、自宅に9：30頃に到着するよう送迎を行う。
　　退所時は、施設を16：30頃に出発する。

【特記事項】
　・部屋は多床室を用意する。
　・レクリエーションや体操時には、声かけをし、参加を促す。

〈作成者〉　　　　○○○○（生活相談員）
〈説明・同意日〉　平成○年○月○日
〈署名・捺印〉　　_____㊞

CASE4 本人と家族の利用期間に対する意向が異なる事例

◆事例のプロフィール

Dさん，80歳代前半，女性

既往歴：気分障害（うつ病），高血圧症，白内障，認知症

要介護度：要介護3

家族状況：長男夫婦と同居

主介護者：長男の妻

認知症高齢者自立度：Ⅱa

障害高齢者自立度：A1

利用目的：レスパイトケア（介護者のリフレッシュ）

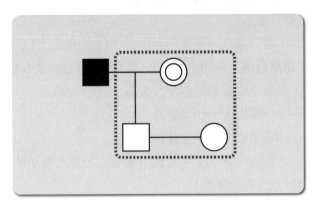

◆事例の概要

　Dさんは，6日間のショートステイを隔週で利用している。ショートステイ利用中，Dさんから「私だけ，こんなに長いの（6日間の利用）はおかしい。ほかの人は，2～3日で家に帰っているのに。早く家に帰らせてください」という訴えが聞かれた。

　Dさんは，他の利用者が，自分より後で入所してきたのに早く退所する人の存在が気になる様子である。Dさんの訴えに対し，「家に帰りたいお気持ちは分かりますが，家に帰る予定日まで，あと○日ありますので，それまでここにいてもらえませんか」と説明する。それに対し，Dさんは「家の者に，早く迎えに来るように電話してください。私も家で用事がたくさんあるから，ここでぼーっと過ごすわけにはいきません」と言う。

　Dさんの家族から事前に，ショートステイ利用中は「なるべく自宅に電話を入れないでほしい」と言われているため，家族への電話連絡はせずに，再度Dさんに事情を説明した。何度かこうしたやりとりをするうちに，Dさんの訴えは聞かれなくなった。

　Dさんの訴えは，ショートステイを利用する度に聞かれ，その都度，現場の職員が説明をしている。現場の職員から生活相談員に対し，「Dさんの訴えを

家族は理解しているのか。一度，家族に伝えてほしい」という要望があった。ショートステイの帰宅後，Ｄさんから上記のような訴えがあったことを家族（長男の妻）に伝えた。

家族からは「自宅では，本人と家族の関係があまり良くないので，これからも支給限度額の許す限り，ショートステイを使っていきたい」という意向が聞かれた。また，「母（Ｄさん）は，家で用事があると言っているが，家では部屋に閉じこもっていて，何もしていない」ということである。生活相談員は「Ｄさんの負担を考えると，続けて６日間よりも，３日間くらいを毎週利用する方がよいのではないか」と家族に打診をした。家族からは「３日間では，こちらがゆっくり休めないので，できれば今のままのペース（６日間）で利用したい」ということであった。

◆事例の問題点
①利用者と家族の意向の違い

この事例では，Ｄさんと家族のショートステイ利用期間に対する意向に相違がみられます。Ｄさんは，他の利用者が短い期間で帰宅している様子を察知し，自分も早く帰りたいと訴えます。それに対し，家族はレスパイトケアとして，できるだけ長い期間のショートステイを利用してもらいたいと考えています。

レスパイトケアには「二重性」があることは前述しました。ショートステイ利用を希望するのは家族ですが，実際に施設を利用するのは要介護者本人です。この事例は，「レスパイトケアの二重性」が顕著に現れていると言えるでしょう。要介護者がショートステイの利用を理解し，「納得」した上で利用することが理想的です。しかし，Ｄさんには軽度～中度の認知症がみられることから，「納得」できないまま利用に至ったことが，この事例の問題点の１つと言えます。

②帰宅願望の分析が不十分

Ｄさんが早く家に帰りたいという要因を分析できていない可能性があります。Ｄさんは，家に帰りたい理由に「家の用事がある」と訴えていますが，こうした訴えの背景には，施設での生活が単調になっていることが考えられます。施設で何もすることがなく退屈であるという思いが，帰宅願望につながっている可能性は否定できません。

「家に早く帰りたい」というDさんの訴えの背景を分析できていない点が，この事例の問題に挙げられます。

◆支援の方向性
①施設での過ごし方の工夫
　まずDさんの施設での過ごし方をアセスメントし，どの部分に問題があるかを調べる必要があります。施設での生活が単調であるならば，Dさんの余暇の過ごし方へかかわることが必要です。例えば，レクリエーションや集団活動，喫茶タイムなどへ誘うことも1つの方法です。

　ただし，Dさんは自宅でも閉じこもり傾向がみられることから，集団での活動が苦手であることも考えられます。その場合，家族にDさんの自宅での過ごし方や，Dさんの関心のあることを再度聞き取り，それを施設（ショートステイ利用中）で実践してみることも有効です。こうした工夫を重ねることで，Dさんの帰宅願望が完全になくなることは難しいとしても，減少する可能性はあると言えます。

②居宅サービス計画の再考
　施設での利用者へのかかわりを工夫したものの，同じように帰宅願望が聞かれ，状況が変わらない場合も考えられます。こうした場合は，居宅サービス計画（ケアプラン）の再考も視野に入れる必要があるでしょう。

　ケアプランを作成するケアマネジャーは，ショートステイでの利用者の問題点を，十分に把握しているとは言い切れません。そのため，施設の職員（特に生活相談員）はケアマネジャーに情報提供をし，状況が改善するための提案をすることも必要です。例えば，デイサービスを効果的に利用するなどして，ショートステイに代わるレスパイトケアを提案する方法も考えられます。施設（ショートステイ）だけのかかわりで状況が改善しない場合は，大きな枠組みを変更してみることも選択肢の1つと言えます。

◆事例から学ぶ点
　この事例では，利用期間の長短をめぐって，利用者と家族の意向に相違がみられます。筆者の経験上，利用者は短い利用を希望する傾向が，一方で家族は長い利用を希望する傾向が多いように感じます。家族の希望のみを優先させると，この事例

のように，利用者から帰宅願望の訴えが聞かれる可能性があります。利用者本人がショートステイの意味を理解し，「納得」した上で利用することが理想的です。しかし，本人に認知症がみられる場合は，「納得」を得ること自体が難しいのが事実です。

　現場の職員は，利用者の訴えに敏感に反応し，感情的になりがちです。しかし，家族にも事情があり，それを理解することも在宅介護を支援していく上では大切です。「レスパイトケアの二重性」という構造的な課題がある以上，双方の意向が完全に一致することは困難ですが，微調整を重ねることで，状況が改善することもあります。ショートステイでは，利用者と家族の関係を長い目で見ていくことも必要と言えます。

CASE4 　　短期入所生活介護計画書（援助内容の確認）

利用者名：　　　D　　様

【要介護度】
- 要介護3（平成○年○月○日～平成○年○月○日）

【短期目標】※居宅サービス計画書（2）より転記
① ショートステイに慣れ，ゆっくりと過ごすことができる
② 興味のある行事・レクリエーションに参加する
③ 施設内を安全に歩行する

【計画の有効期間】
- 平成○年○月○日～平成○年○月○日　（作成日：平成○年○月○日）

【移動】
- 自立歩行。
- 視力低下がみられるため，転倒のないよう，移動時は見守りをする。

【食事】
- 食事形態は，主食・副食ともに普通食。
- 食事動作は，自力摂取が可能。

【排泄】
- 昼夜ともに布パンツを使用。
- トイレの場所が分からない場合は，トイレまで誘導をする。

【入浴】
- 一般浴槽を使用する。
- 洗身・着脱は，見守りをする。
- 浴槽をまたぐ時に，手を支えるなどの介助を行う。

【送迎方法】
- 一般車両を使用する。
- スムーズに車両に乗車できるように，運転職員は声かけをし誘導する。
- 入所時は，自宅に9：00頃に到着するよう送迎を行う。
　退所時は，施設を16：00以降に出発する。

【特記事項】
- 部屋は多床室を希望。なるべくトイレに近い部屋を用意する。
- レクリエーションや体操時には，声かけをし，参加を促す。

〈作成者〉　　　　○○○○（生活相談員）
〈説明・同意日〉　平成○年○月○日
〈署名・捺印〉　　＿＿＿＿＿＿＿＿＿＿＿㊞

CASE5 嚥下障害のため食事摂取が難しい事例

◆事例のプロフィール

Eさん，70歳代後半，男性

既往歴：パーキンソン病（ヤール重症度分類：V度）

要介護度：要介護5

家族状況：妻と2人暮らし

主介護者：妻

認知症高齢者自立度：I

障害高齢者自立度：C1

利用目的：レスパイトケア（介護負担の軽減）

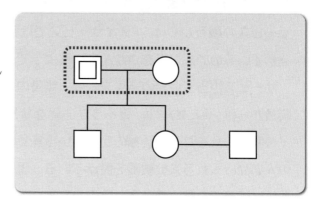

◆事例の概要

　Eさんはパーキンソン病に罹患しており，日常生活動作のほぼすべてに介助が必要な状態である（ヤール重症度分類：V度）。妻と2人暮らしで，妻が日常生活の介助を行っている。妻の介護負担軽減を目的に，ショートステイを利用することになった。

　Eさんには，嚥下障害がみられる。ショートステイ利用中は，全介助の下，食事を摂るのに約1時間を要する。妻からの情報をもとに，試行錯誤しながら介助を行うものの，スムーズに摂取できない状態が続いた。妻によると「自宅では比較的スムーズに食事が摂取できている」ということであった。Eさんは，利用当初（半年前）に比べ，徐々にADLの低下が進行しており，次第に誤嚥をする回数も増えてきた。介護職員から，特に朝食や夕食といった職員が少ない時間帯に「もし誤嚥して，何かあった時が怖い」という声が聞かれるようになった。

　Eさんの要介護認定の更新に伴うサービス担当者会議が開催された。参加者は，Eさんの妻，ケアマネジャー，デイサービスの職員，ショートステイの生活相談員であった。生活相談員が家族に対し，ショートステイ利用中の食事介助の状況を説明した。家族から「主治医からは，胃ろうを勧められている。本

人が胃ろうの造設を嫌がるので，今は返事を保留している」という発言が聞かれた。この情報は事前面接の時には聞かされておらず，初耳であった。デイサービスの職員からは，「デイサービスでは毎回同じ職員（看護職員）が介助をしているので，コツをつかんでいるようである」という意見があった。

　サービス担当者会議の結果を受け，施設内でカンファレンスを行った。看護職員からは，「Eさんは，胃ろうが必要な状態なのに，このままショートステイの受け入れをしてよいものか」という意見が聞かれた。当施設では，胃ろうの人を受け入れる人数制限を設けている。現時点では，胃ろうの人を受け入れる枠は満員であり，受け入れは中止している状況である。Eさんの安全面を考慮し，今後の当施設でのショートステイ利用は難しいという結論に至った。その旨，ケアマネジャーに連絡し，別の施設の利用も視野に入れ，調整してもらうことになった。

◆事例の問題点

①本人の状態と施設の受け入れ体制とのギャップ

　Eさんの妻は，サービス担当者会議にてEさんが胃ろうの必要な状態にあることを告白します。この情報は，事前面接でも聞かされていなかった内容です。つまり，すでにEさんの嚥下状態はかなり悪い傾向にあったことが分かります。逆に言えば，いつ胃ろうになってもおかしくない状態です。

　こうした情報を知らないまま，ショートステイの受け入れを続けると，誤嚥などのリスクが高くなります。とは言え，家族を責めることはできません。施設側としては，ケアマネジャーやデイサービスの職員といった家族以外の関係者に，Eさんの状況を確認することも必要だったと思われます。

②緊急時の対応方法が不十分

　Eさんの食事介助に携わる中で，介護職員から「もし誤嚥して，何かあった時が怖い」という声が聞かれるようになりました。この背景には，誤嚥した時の緊急対応をどうするかがはっきりしていないことが挙げられます。

　誤嚥事故のリスクが高い利用者を受け入れる場合，急変時にはどの医療機関に搬送するのか，また家族とすぐに連絡がとれる方法などを，職員が周知しておく必要

があります。カルテのどこかに書いてあるというだけでは，現場の職員に十分周知されているとは言えません。再度，緊急時対応について，職員間に浸透させることが重要と言えます。

③介助者が統一できないこと

　Eさんの嚥下状態は悪い傾向にありますが，家族やデイサービスの看護職員は，比較的スムーズに食事介助を行っていることが報告されています。つまり，Eさんに対する介助者が「同じ人」であり，食事介助のコツを把握していることが考えられます。交代勤務のあるショートステイでは，家族やデイサービスのように介助者を固定することが難しいのは事実です。特に，朝食や夕食の時は，その傾向が顕著になります。このように介助者が固定しにくい状況の中で，嚥下状態が良くないEさんへの食事介助を行っている点に，食事摂取がスムーズにいかない要因があると考えられます。

◆支援の方向性
①家庭での介助方法を学ぶ

　Eさんは，家族による食事介助であれば，比較的スムーズに食事摂取できていることが報告されています。ショートステイでは，家族からの情報をもとに，食事介助を行っていました。しかし，交代勤務で職員を固定できないことも影響し，なかなかうまくいかず，食事介助に約1時間を要しています。こうした場合，家族に施設に足を運んでもらい，食事介助の指導や助言をしてもらうことも有効です。

　家族の来所が難しいのであれば，デイサービスの職員に来てもらうことも1つの方法です。本来ショートステイ利用中に，家族が施設に足を運ぶ必要はありません。しかし，嚥下状態が悪く食事介助に細心の注意が必要な事例であることを考慮すれば，家族に実際に来てもらい，職員に助言してもらうことも有効な手立てと言えます。

②本人と家族の意向調整

　Eさんは，主治医から胃ろうの造設を勧められていますが，返事を保留している状況にあります。胃ろう造設の是非についての意見は差し控えますが，支援の方向性が定まらない状態でショートステイを受け入れることは，Eさんにとってリスクが高い状況と言えます。その意味では，Eさんと家族の間で，改めて今後の支援の

方向性を決める話し合いの機会を持ってもらい，その返事を待ってから，利用継続の可否を検討することも1つの方法です。

Eさんと家族にとっては「決断」が必要になりますが，介護サービスを利用していく上では避けて通ることができないプロセスと言えます。

③医療対応の充実した施設への変更

パーキンソン病は進行性の疾患と言われます。その意味では，Eさんの状態も，今後悪化する可能性が想定されます。今後のことも視野に入れ，早い段階で，医療面での対応が充実している施設を探していくことも1つの方法と言えます。

Eさんの現在利用しているショートステイは，特養併設の短期入所生活介護であり，看護職員の勤務が日勤中心となります。それを考えると，看護職員が（24時間）常駐している短期入所療養介護の方が，Eさんには適していると思われます。ただし，すべての短期入所療養介護がEさんの受け入れを許可してくれるとは限りません。その点は，ケアマネジャーの交渉力や調整力が求められることになります。

これまで利用していた施設を変更することは，利用者，職員双方にとって容易ではありません。しかし，本人への安全面を考慮した場合，施設変更の決断をすることも重要と言えます。

◆事例から学ぶ点

この事例では，パーキンソン病により嚥下障害がみられ，食事介助に時間を要する利用者への対応が書かれています。あくまでも食事介助に関する問題であり，すぐに医療行為と結びつく内容ではありません。しかし，急変する可能性を考慮すると，緊急時の対応を考えておくことが不可欠と言えます。

Eさんの誤嚥などのリスクを考えると，将来的に医療面の対応が手厚い施設に変更することも視野に入れる必要があります。この際，家族の理解を得ることが重要なポイントとなります。拙速に施設の変更を推し進めると，家族からの苦情につながる可能性も考えられます。次の施設の選択肢を示した上で，Eさんやその家族に対し，丁寧な説明を心がけることが重要なポイントとなります。

CASE5　　短期入所生活介護計画書（援助内容の確認）

利用者名：　　　　E　　　様

【要介護度】
　・要介護5（平成○年○月○日～平成○年○月○日）

【短期目標】※居宅サービス計画書（2）より転記
　①安全に入浴することができる
　②安全に食事を摂取することができる
　③介護者の負担を軽減する
　④ショートステイの環境に慣れる

【計画の有効期間】
　・平成○年○月○日～平成○年○月○日　（作成日：平成○年○月○日）

【移動】
　・車いすを使用する。車いす（リクライニング型）は本人が持参する。
　・ベッドから車いすへの移乗時は，2人で介助する。

【食事】
　・食事形態は，主食が全粥，副食がペースト食。
　・食事動作は，全介助。
　・誤嚥しないように，嚥下がしやすい体勢（姿勢）を整える。

【排泄】
　・昼夜ともに紙おむつにパッドを使用。
　・ベッド上で定時のおむつ交換を行う。

【入浴】
　・特殊浴槽を使用する。
　・洗身・着脱は，全介助。
　・車いすからストレッチャーへの移乗は2人で対応する。

【送迎方法】
　・車いす（リクライニング型）のまま乗車できる車両を使用。
　・送迎は2人（運転と添乗）で行う。
　・入所時は，自宅に9：30頃に到着するよう送迎を行う。
　　退所時は，施設を15：30頃に出発する。

【特記事項】
　・部屋は個室を用意する。テレビを設置する。
　・食事，入浴以外の時間帯は居室で過ごす。
　・内服の飲み忘れがないかチェックを行う。

〈作成者〉　　　　　○○○○（生活相談員）
〈説明・同意日〉　平成○年○月○日
〈署名・捺印〉　　　　　　　　　　　　　　㊞

CASE6 利用者同士のトラブルから負傷事故が生じた事例

◆事例のプロフィール

Fさん，80歳代前半，男性

既往歴：アルツハイマー型認知症

要介護度：要介護4

家族状況：妻と2人暮らし

主介護者：妻

認知症高齢者自立度：Ⅲb

障害高齢者自立度：B2

利用目的：レスパイトケア（介護負担の軽減）

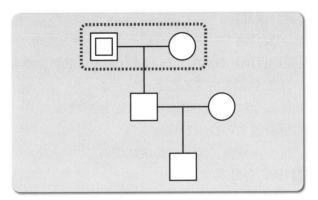

◆事例の概要

　Fさんは，毎月定期的にショートステイを利用している。妻と2人暮らしであり，妻にも軽度の認知症がみられる。そのため，隣町に住む長男が随時支援をしている状況である。

　Fさんは，アルツハイマー型認知症であり，徘徊，昼夜逆転，幻覚といったBPSDがみられる。ショートステイの初回利用時は，一般棟で過ごしてもらった。しかし，BPSDがみられ，他の利用者から苦情が出たこともあり，2回目以降は認知症専門棟で過ごしてもらっている。Fさんは「正義感」の強い性格で，他の利用者の言動が気に障る時，車いすを自操して近寄っていき，他者に「注意」をする行動がみられた。

　同じフロアで過ごしている特養入所者のXさん（女性）には，独語を言いながら机をトントン叩くという常同行動がみられる。これまでに，Xさんの常同行動に対し，Fさんが「注意」をすることが何度かみられた。介護職員が別の利用者の排泄介助をしている際に，Xさんの叫び声がしたため，駆け寄ったところ，Xさんの目の周辺にアザができているのを確認した。Xさんの近くには，興奮した状態のFさんがいた。職員が，Xさんに尋ねると「顔を叩かれた」と，怯えた表情で言う。状況から判断すると，FさんがXさんの顔面を叩いた様子である。

看護職員の付き添いで，Ｘさんは救急センターを受診した。精密検査の結果，顔面にアザは残ったが，骨や眼球に異常はないという結果であった。Ｘさんの家族に，負傷の経緯を伝えた。家族からは「受診してもらい異常がないのであれば，それで構わない」ということであり，特に問題視することはないということであった。

　Ｆさんの家族に対して，生活相談員が状況の説明を行った。同居している妻には軽度の認知症がみられるため，長男（別居している）に連絡をとることにした。長男からは，相手の女性に被害を負わせたことに謝罪の言葉が聞かれた。生活相談員が，念のため事態の顛末を関係機関（警察を含む）に報告させていただく旨を伝えた。長男から「その方が，ありがたい。本当に父（Ｆさん）がそういうことをしたのか，白黒はっきりするので，ぜひお願いしたい」という発言が聞かれた。

　それと並行して，Ｆさんのケアマネジャーにも，事故に至った経緯を説明した。今後ショートステイを利用していく中で同じことが繰り返される可能性があるため，当施設のショートステイは取りやめる方向で調整をしてもらうことになった。

◆事例の問題点

　ショートステイ利用者Ｆさんと，特養入所者Ｘさんの「相性」の悪さがトラブルに発展し，結果として負傷事故につながった事例と言えます。両者ともに認知症があるため，口頭で説明（指導）するだけでは事態の改善は難しいと言えます。

　この事例では，Ｆさんは以前から他の利用者に「注意」をしに行く行為がみられたことが確認されています。今回の事故は，介護職員が別の利用者の排泄介助中に起こっています。いわば，職員が目を離した隙に生じた事故と言えます。一瞬の出来事であり，それを完全に防ぐことは難しいですが，あえて言うならば，Ｆさんの見守りが不十分であったことに問題があったと言えます。

◆支援の方向性
①Ｆさん自身へのかかわり

　Ｆさんが他の利用者に「注意」する行為がみられるのは，他に関心が向くことが

ないからとも考えられます。そのため，自宅でのＦさんの過ごし方や，Ｆさんの興味・関心の向くことを家族から聞き取り，それを施設（ショートステイ利用中）で実践していくことも方法の１つと言えます。

②Ｆさんの置かれている環境へのアプローチ

　Ｆさんには，特養入所者Ｘさんの常同行動に「腹を立て」，Ｘさんに「注意」をする行動がみられます。両者ともに認知症があるため，口頭での「説明」だけでは効果がみられるとは言い切れません。そこで，Ｆさんの置かれている環境にアプローチする方法が考えられます。まずは，両者の接触する機会を少なくするため，ＦさんとＸさんの場所（居室や食堂の座席など）を離してみることです。ただし，Ｆさんは車いすを自操することが可能ですので，同じフロアで対応するには限界があることも事実です。

　そこで次の手段として，フロアの移動も視野に入れます。もともとＦさんは一般棟を利用していた経緯があり，そこで他の利用者から苦情が出たことで，認知症専用棟に移動しました。再度，一般棟に移動することは，苦情の再発につながる可能性も否定できません。しかし，苦情を申し立てた人にＦさんの事情を「説明」し，理解を求めることも１つの方法です。Ｆさんは，Ｘさんの常同行動に過敏に反応しています。そうした行動を目にすることがなければ，Ｆさんの心理状態は落ち着く可能性があるからです。その意味では，一般棟で対応することも選択肢に挙げることができます。

◆事例から学ぶ点

　この事例は，利用者同士の「相性」の悪さからトラブルに発展し，負傷事故が生じてしまったという内容です。この事例で対応が難しい点は，「相手」が特養入所者ということです。ショートステイ利用者同士のトラブルであれば，利用期間をずらすことで，お互いが顔を合わせないようにすることも可能です。しかし，「相手」が特養入所者である以上，利用ごとに顔を合わせることになります。そのため，特養入所者（Xさん）の安全面を考慮すれば，利用の中止に至ることもやむを得ません。

　この事例からもう1つ学べる点として，家族の心理状態が挙げられます。Fさんの家族（長男）の言葉に注目してみます。Fさんの行為からXさんの負傷に至った経緯は，状況から判断し明らかです。しかし，Fさんの長男は，生活相談員が関係機関（警察を含む）への連絡をすることを伝えた際に，「本当に父がそういうことをしたのか，白黒はっきりするので，ぜひお願いしたい」と発言しています。杉山（2007）は，認知症高齢者の家族がたどる心理として，①とまどい・否定，②混乱・怒り・拒絶，③割り切り・あきらめ，④受容，の順を経るとしています。Fさんの長男は，普段Fさんと同居していません。部分的にFさんとかかわっていることになります。その意味では，①の段階の心理状態にあったことが推測されます。

　利用者理解において，家族と職員で「相違」がみられることがありますが，その背景には家族の心理状況が影響していることも考えられます。認知症高齢者の家族とコミュニケーションをとる時には，家族の心理状況を理解した上で，話を進めていくことが重要と思われます。

CASE6 　　短期入所生活介護計画書（援助内容の確認）

利用者名：　　　　F　　　様

【要介護度】
　・要介護4（平成○年○月○日～平成○年○月○日）

【短期目標】※居宅サービス計画書（2）より転記
　①安全な環境で自由に過ごせる
　②他者と一緒に過ごす時間が持てる
　③家族の介護負担を軽減する

【計画の有効期間】
　・平成○年○月○日～平成○年○月○日　（作成日：平成○年○月○日）

【移動】
　・車いすを使用する。車いす（普通型）は本人が持参する。
　・施設内の移動は自操が可能。他者とぶつからないよう，見守りをする。

【食事】
　・食事形態は，主食・副食ともに普通食。
　・食事動作は，自力摂取が可能。

【排泄】
　・紙パンツを使用。
　・尿意・便意の訴えがあるので，その都度，トイレまで誘導する。

【入浴】
　・一般浴槽を使用する。
　・洗身は一部介助。なるべく自分で洗ってもらう。
　・着脱は，衣類の順番を間違える可能性があるので見守りをする。
　・浴槽をまたぐ時に手を支えるなどの介助をする。

【送迎方法】
　・車いす（普通型）のまま乗車できる車両を使用。
　・玄関（段差）にスロープをかけ，使用後は元の位置に戻す。
　・入所時は，自宅に9：30頃に到着するよう送迎を行う。
　　退所時は，施設を16：00頃に出発する。

【特記事項】
　・部屋は多床室を用意する。
　・レクリエーションや行事への参加を促し，他者との交流の時間を持つ。

〈作成者〉　　　　○○○○（生活相談員）
〈説明・同意日〉　平成○年○月○日
〈署名・捺印〉　　　　　　　　　　　　　　　㊞

CASE7 介護負担が大きいにもかかわらず途中帰宅に至った事例

◆事例のプロフィール

Gさん，80歳代前半，男性

既往歴：脳梗塞後遺症，高血圧症，認知症

要介護度：要介護4

家族状況：妻と2人暮らし

主介護者：妻

認知症高齢者自立度：Ⅲb

障害高齢者自立度：C1

利用目的：レスパイトケア（緊急利用）

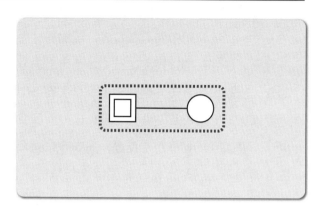

◆事例の概要

　Gさんは脳梗塞後遺症のため，日常生活の全般にわたり介護が必要な状態である。妻と2人暮らしで，妻が献身的に介護をしている。Gさんは「こだわり」が強く，食事も決まったものしか口にしない。自宅では，3食とも蒸しパンのみで，飲み物は牛乳である。また，Gさんは受診以外は外に出ることを拒否しており，閉じこもり状態にある。そのため，妻もGさんからほとんど離れることができない。

　Gさんのケアマネジャーから「妻の介護負担が大きく，神経症の傾向もみられる。このままでは妻も倒れてしまう可能性がある」と，緊急ショートステイの依頼を受ける。部屋の空き状況を確認したところ，翌日から3日間の空きがあったため，ショートステイを利用してもらうことになった。

　ショートステイの利用に際し，生活相談員が事前面接を行った。妻と面談をするも，サービスの利用には消極的である。そのため，生活相談員は時間をかけ，妻の話を聞くことに徹した。妻からは「夫は，こだわりが強いが，食事の要望はきいてもらえるか」と質問があり，「施設では（蒸しパンは）用意できないが，持参してもらえるなら構わない」と答える。また，「家まで迎えに来てもらえるそうだが，私も一緒に乗って行ってもよいか」と質問され，「本来

は利用者（Gさん）のみだが，Gさんの不安を軽減する意味で，今回は構わない」と答えた。Gさんの妻から出されるいくつかの「条件」をクリアし，ようやくサービス利用の決心がつき，契約書にもサインされる。

翌日，Gさん宅に迎えに行く。予定どおり，妻も一緒に同乗し，施設に到着した。施設に到着後，健康チェックを行ってから，居室に案内をした。Gさんと妻は居室で過ごし，妻の希望により，昼食も居室で行った。その日の午後3時頃，妻より「せっかくだが，夫を家に連れて帰りたい」と申し出がある。理由を尋ねると「やっぱり施設はまだ早い。（夫が）かわいそうに思えてきた。家で私が看ます」ということであった。Gさん自身から帰宅願望はみられないものの，妻の決意が固いため，途中帰宅する方向で調整を行う。妻がタクシーを手配し，その日のうちに帰宅することになった。施設での滞在時間は，約5時間であった。

◆事例の問題点

介護の負担が大きく，介護者である妻が共倒れになる可能性のある事例です。にもかかわらず，Gさんの妻は，ショートステイを途中で切り上げ，自宅で介護を続けるという選択をしました。Gさんと妻は，「共依存」の関係にあることが疑われます。

「共依存」とは，「問題を起こすことで相手を支配しようとする人と，その人の世話をすることで相手を支配しようとする人の二者関係のこと」（吉岡，2000）と定義されています。Gさんの妻は，介護の負担やストレスが大きいにもかかわらず，いざGさんから離れることになると違和感を覚えたように考えられます。利用者と家族が「共依存」の関係にあることで，サービス提供に支障が生じている点に，この事例の問題があると言えます。

◆支援の方向性

「共依存」の関係にある要介護者のショートステイ利用の際は，まず介護者の心情に寄り添う必要があります。いくらショートステイ利用のニーズが大きいといっても，強引に利用を勧めると，固く心を閉ざしてしまう可能性があるからです。その意味では，長い目でみて支援していく姿勢が求められます。

また，ショートステイ利用中でも，面会や外出が可能であることを事前に示すことも有効です。そうすることで，サービス利用への抵抗が少なくなり，利用への一歩が踏み出せる可能性があるからです。

◆事例から学ぶ点

　この事例では，「共依存」の関係にある利用者とその家族への支援を学ぶことができます。ショートステイには「レスパイトケアの二重性」があると言われます。つまり，利用者と家族のサービスに対する意向に相違がみられる場合が多い傾向にあります。しかし，中にはこの事例のように，利用者と家族を「分離」すること自体が難しい場合もみられます。この場合，介護負担が大きいからといって無理にショートステイを勧めずに，まずは家族の話に耳を傾け，信頼関係を築くことに重点を置く必要があります。

　支援者側は，解決を急ぐのではなく，こうした家族の心情を理解した上で，コミュニケーションを図ることが大切です。

CASE7　　　**短期入所生活介護計画書（援助内容の確認）**

利用者名：　　　　G　　　　様

【要介護度】
　・要介護4（平成○年○月○日～平成○年○月○日）

【短期目標】※居宅サービス計画書（2）より転記
　①家族の介護負担やストレスを軽減する
　②一人で過ごす時間が持てる
　③安全な環境で入浴ができる

【計画の有効期間】
　・平成○年○月○日～平成○年○月○日　（作成日：平成○年○月○日）

【移動】
　・車いすを使用する。車いす（リクライニング型）は本人が持参する。
　・ベッドから車いすへの移乗時は2人で対応する。

【食事】
　・食事は，本人が蒸しパンと牛乳を持参する。
　・食事動作は，セッティングをすれば，自力摂取が可能。

【排泄】
　・昼夜，紙おむつにパッドを使用。
　・定時のおむつ交換で対応する。

【入浴】
　・特殊浴槽を使用する。
　・洗身・着脱は，全介助。
　・車いすからストレッチャーへの移乗は2人で対応する。

【送迎方法】
　・車いす（リクライニング型）のまま乗車できる車両を使用。
　・初回の利用時のみ，家族が同乗する。
　・入所時は，自宅に10：00頃に到着するよう送迎を行う。
　　退所時は，施設を15：00頃に出発する。

【特記事項】
　・部屋は個室を希望する。
　・部屋に冷蔵庫を設置する。（牛乳，蒸しパン用）
　・食事，入浴以外の時間帯は居室で過ごしてもらう。

〈作成者〉　　　　○○○○（生活相談員）
〈説明・同意日〉　平成○年○月○日
〈署名・捺印〉　　_____　㊞

巻末資料

コンプライアンス点検表　（短期入所生活介護）（介護予防短期入所生活介護）

（注：◇短期入所生活介護に係る基準等，◆介護予防短期入所生活介護に係る基準等，☆居宅等基準通知）

チェック	点検内容	根拠
①人員について		
☐	従業者の員数 ◇◆事業所ごとに置くべき従業者の員数は，次のとおりとしていますか。 １．医師：１人以上 ２．生活相談員：常勤換算方法で，利用者の数が100またはその端数を増すごとに１人以上 ３．介護職員または看護師もしくは准看護師（以下，看護職員）：常勤換算方法で，利用者の数が３またはその端数を増すごとに１人以上 ４．栄養士：１人以上 　ただし，利用定員が40人を超えない事業所にあっては，他の社会福祉施設等の栄養士との連携を図ることにより事業所の効果的な運営を期待することができる場合であって，利用者の処遇に支障がない時は，置かないことができる。 ５．機能訓練指導員：１人以上 ６．調理員その他の従業者：当該事業所の実情に応じた適当数	居宅指定基準第121条第１項 予防指定基準第129条第１項
☐	◇◆その全部または一部が入所者に利用されていない居室を利用して指定短期入所生活介護の事業を行う短期入所生活介護従業者の員数は，利用者を当該特別養護老人ホームの入所者とみなした場合に必要な数以上としていますか。	居宅指定基準第121条第２項 予防指定基準第129条第２項
☐	◇◆利用者の数は，前年度の平均値としていますか。 （ただし新規に指定を受ける場合は，推定数による）	居宅指定基準第121条第３項 予防指定基準第129条第３項
☐	◇◆老人福祉法，医療法（昭和23年法律第205号）または法に規定する特別養護老人ホーム等として必要とされる数の従業者に加えて，第一項各号に掲げる短期入所生活介護従業者を確保していますか。 ☆併設事業所については， イ　「特別養護老人ホーム等と一体的に運営が行われる」とは併設本体施設の事業に支障が生じない場合で，かつ，夜間における介護体制を含めて指定短期入所生活介護を提供できる場合である。 ロ　医師，栄養士および機能訓練指導員については，併設本体施設に配置されている場合であって当該施設の事業に支障を来さない場合は兼務させて差し支えない。 ハ　生活相談員，介護職員および看護職員の員数については，併設されているのが特別養護老人ホームである場合には，特別養護老人ホームとして確保すべき員数と指定短期入所生活介護事業所として確保すべき員数の合計を，特別養護老人ホームの入所者と移設事業所の利用者の数とを合算した数について常勤換算方法により必要とされる従業者の数とするものである。	居宅指定基準第121条第４項 予防指定基準第129条４項 居宅等基準通知第３の八の１の（１）②

	ニ　併設されているのが特別養護老人ホームでない場合も，従業者の員数の計算上，特別養護老人ホームの場合と同様の端数の処理を行うことができるものとする。	
☐	◇◆生活相談員ならびに介護職員および看護職員のそれぞれのうち1人は，常勤ですか。 （ただし，利用定員が20人未満である併設事業所の場合にあっては，この限りでない）	居宅指定基準第121条第5項 予防指定基準第129条第5項
☐	◇◆機能訓練指導員は，日常生活を営むのに必要な機能の減退を防止するための訓練を行う能力を有する者ですか。 （訓練を行う能力を有する者：理学療法士，作業療法士，言語聴覚士，看護職員，柔道整復師，あん摩マッサージ指圧師）	居宅指定基準第121条第6項 予防指定基準第129条第6項
☐	◇◆事業所ごとに専らその職務に従事する常勤の管理者を置いていますか。	居宅指定基準第122条 予防指定基準第130条
②設備・備品について		
☐	1．利用定員等 ◇◆利用定員は，20人以上であり，指定短期入所生活介護の事業の専用の居室を設けていますか。 （ただし，全部または一部が入所者に利用されていない居室を利用して短期入所生活介護の事業を行う特別養護老人ホームの場合にあっては，この限りでない。また，併設事業所の場合および指定短期入所生活介護事業所とユニット型指定短期入所生活介護事業所が併設される場合にあっては，利用定員を20人未満とすることができる）	居宅指定基準第123条第1項および第2項 予防指定基準第131条第1項および第2項
☐	2．設備および備品等 ◇◆建物（利用者の日常生活のために使用しない附属の建物を除く）は，建築基準法第2条第9号の二に規定する耐火建築物ですか。 （ただし，利用者の日常生活に充てられる場所を2階以上の階および地階のいずれにも設けていない場合にあっては，同条第九号の三に規定する準耐火物とすることができる）	居宅指定基準第124条第1項 予防指定基準第132条第1項
☐	◇◆次の各号に掲げる設備を設けるとともに，サービスを提供するために必要なその他の設備および備品等を備えていますか。 （ただし，他の社会福祉施設等の設備を利用することにより当該社会福祉施設等および当該指定短期入所生活介護事業所の効率的運営が可能であり，当該社会福祉施設等の入所者等および当該指定短期入所生活介護事業所の利用者の処遇に支障がない場合は居室，便所，洗面設備，静養室，介護職員室および看護職員室を除き，これらの設備を設けないことができる） 1．居室　　　　6．洗面設備　　11．看護職員室 2．食堂　　　　7．医務室　　　12．調理室 3．機能訓練室　8．静養室　　　13．洗濯室または洗濯場 4．浴室　　　　9．面談室 5．便所　　　　10．介護職員室　14．汚物処理室 　　　　　　　　　　　　　　　15．介護材料室	居宅指定基準第124条第3項 予防指定基準第132条第3項

☐	◇◆併設事業所の場合にあって，当該併設本体施設の前項各号に掲げる設備（居室を除く）を指定短期入所生活介護の事業の用に供している場合，併設本体施設の効率的運営を妨げておらず，かつ，当該併設事業所の利用者および当該併設本体施設の入所者または入院患者の処遇に支障が出ていませんか。 （全部または一部が入所者に利用されていない居室を用いて短期入所生活介護の事業を行う特別養護老人ホームの場合にあっては，老人福祉法に規定する特別養護老人ホームとして必要とされる設備を有することで足りるものとする）	居宅指定基準第124条第4項 予防指定基準第132条第4項 居宅指定基準第124条第5項 予防指定基準第132条第5項
☐	◇◆設備の基準を遵守できていますか。 １．居室 イ　１の居室の定員は，４人以下であること。 ロ　利用者１人当たりの床面積は，10.65平方メートル以上であること。 ハ　日照，採光，換気等利用者の保健衛生，防災等について十分考慮していること。 ２．食堂および機能訓練室 イ　食堂および機能訓練室は，それぞれ必要な広さを有するものとし，その合計した面積は，３平方メートルに利用定員を乗じて得た面積以上であること。 ロ　食堂および機能訓練室は同一の場所とすることができるが，その場合，食事の提供の際にはその提供に支障がない広さを確保でき，かつ，機能訓練を行う際にはその実施に支障がない広さを確保できていますか。 ３．浴室 　　要介護者（要支援者）が入浴するのに適したものですか。 ４．便所 　　要介護者（要支援者）が使用するのに適したものですか。 ５．洗面設備 　　要介護者（要支援者）が使用するのに適したものですか。 ☆便所等面積または数の定めのない設備については，それぞれの設備の持つ機能を十分に発揮し得る適当な広さ，または数を確保するよう配慮していますか。	居宅指定基準第124条第6項 予防指定基準第132条第6項 居宅等基準通知第３の八の２の（４）
☐	◇◆指定短期入所生活介護事業所の構造設備の基準は，次のとおりとしていますか。 １．廊下の幅は，1.8メートル以上であること。ただし，中廊下の幅は，2.7メートル以上であること。 ２．廊下，便所その他必要な場所に常夜灯を設けていること。 ３．階段の傾斜を緩やかにしていること。 ４．消火設備その他の非常災害に際して必要な設備を設けること。 ☆消防法その他の法令等に規定された設備を確実に設置しなければならないものである。 ５．居室，機能訓練室，食堂，浴室および静養室が２階以上の階にある場合は，１以上の傾斜路を設けること（ただし，エレベーターを設ける時は，この限りでない）。 ☆設置する傾斜路は，利用者の歩行および輸送車，車いす等の昇降ならびに災害発生時の避難，救出に支障がないようその傾斜は緩やかにし，表面は，粗面またはすべりにくい材料で仕上げていますか。	居宅指定基準第124条第7項 予防指定基準第132条第7項 居宅等基準通知第３の八の２の（10）で参照する第三の六の２の（３） 居宅等基準通知第３の八の２の（６） 居宅等基準通知第３の八の２の（７） 居宅等基準通知第10の２の（９）

	☆調理室には，食器，調理器具等を消毒する設備，食器，食品等を清潔に保管する設備ならびに防虫および防鼠の設備を設けていますか。 ☆焼却炉，浄化槽その他の汚物処理設備および便槽を設ける場合には，居室，静養室，食堂および調理室から相当の距離を隔てて設けていますか。	

③運営について

☐	１．内容および手続きの説明および同意 ◇◆サービスの提供の開始に際し，あらかじめ，利用申込者またはその家族に対し，運営規程の概要，従業者の勤務の体制その他の利用申込者のサービスの選択に資すると認められる重要事項を記した文書を交付して説明を行い，サービスの内容および利用期間等について利用申込者の同意を得ていますか。 ☆同意については，利用者および事業者双方の保護の立場から書面によって確認していますか。	居宅指定基準第125条第１項 予防指定基準第133条第１項 居宅等基準通知第３の八の３の（１）
☐	２．指定短期入所生活介護（介護予防短期入所生活介護）の開始および終了 ◇◆利用者の心身の状況により，もしくはその家族の疾病，冠婚葬祭，出張等の理由により，または，利用者の家族の身体的および精神的な負担の軽減等を図るために，一時的に居宅において日常生活を営むのに支障がある者を対象に，指定短期入所生活介護（介護予防短期入所生活介護）を提供していますか。	居宅指定基準第126条第１項 予防指定基準第134条第１項
☐	◇◆居宅介護支援事業者（介護予防支援事業者）その他保健医療サービスまたは福祉サービスを提供する者との密接な連携により，サービスの提供の開始前から終了後に至るまで利用者が継続的に保健医療サービスまたは福祉サービスを利用できるよう必要な援助に努めていますか。	居宅指定基準第126条第２項 予防指定基準第134条第２項
☐	３．提供拒否の禁止 ◇◆正当な理由なく指定短期入所生活介護（介護予防短期入所生活介護）の提供を拒んでいませんか。	居宅指定基準第140条で準用する第９条 予防指定基準第142条で準用する第10条
☐	４．サービス提供困難時の対応 ◇◆通常の事業の実施地域等を勘案し，利用申込者に対し自ら適切な指定短期入所生活介護（介護予防短期入所生活介護）を提供することが困難であると認めた場合は，当該利用申込者にかかる居宅介護支援事業者への連絡，適当な他の指定短期入所生活介護（介護予防短期入所生活介護）事業者等の紹介その他の必要な措置を速やかに講じていますか。	居宅指定基準第140条で準用する第10条 予防指定基準第142条で準用する第11条
☐	５．受給資格等の確認 ◇◆指定短期入所生活介護（介護予防短期入所生活介護）の提供を求められた場合は，その者の提示する被保険者証によって，被保険者資格，要介護認定の有無および要介護認定の有効期間を確かめていますか。	居宅指定基準第140条で準用する第11条 予防指定基準第142条で準用する第12条

☐	◇◆被保険者証に，認定審査会意見が記載されている時は，当該認定審査会意見に配慮して，指定短期入所生活介護（介護予防短期入所生活介護）を提供するように努めていますか。	居宅指定基準第140条で準用する第11条第2項 予防指定基準第142条で準用する第11条第2項
☐	6．要介護認定の申請に係る援助 ◇◆短期入所生活介護（介護予防短期入所生活介護）の提供の開始に際し，要介護認定を受けていない利用申込者については，要介護認定の申請がすでに行われているかどうかを確認し，申請が行われていない場合は，当該利用申込者の意思を踏まえて速やかに当該申請が行われるよう必要な援助を行っていますか。	居宅指定基準第140条で準用する第12条 予防指定基準第142条で準用する第13条
☐	◇◆居宅介護支援が利用者に対して行われていない等の場合であって必要と認める時は，要介護認定の更新の申請が，遅くとも当該利用者が受けている要介護認定の有効期間が終了する30日前にはなされるよう，必要な援助を行っていますか。	居宅指定基準第140条で準用する第12条第2項 予防指定基準第142条で準用する第12条第2項
☐	7．心身の状況等の把握 ◇◆サービスの提供に当たっては，利用者にかかる居宅介護支援事業者（介護予防支援事業者）が開催するサービス担当者会議等を通じて，利用者の心身の状況，その置かれている環境，他の保健医療サービスまたは福祉サービスの利用状況等の把握に努めていますか。	居宅指定基準第140条で準用する第13条 予防指定基準第142条で準用する第14条
☐	8．法定代理受領サービスの提供を受けるための援助 　　　（介護予防サービス費の支給を受けるための援助） ◇◆指定短期入所介護（介護予防短期入所生活介護）の提供の開始に際し，利用申込者が介護保険法施行規則第64条各号のいずれにも該当しない時は，当該利用申込者またはその家族に対し，居宅サービス計画の作成を居宅介護支援事業者に依頼する旨を市町村に対して届け出ること等により，サービスの提供を法定代理受領サービスとして受けることができる旨を説明すること，居宅介護支援事業者に関する情報を提供すること，その他の法定代理受領サービスを行うために必要な援助を行っていますか。	居宅指定基準第140条で準用する第15条 予防指定基準第142条で準用する第15条
☐	9．居宅サービス計画等に沿ったサービスの提供 ◇◆居宅サービス計画（介護予防サービス計画）が作成されている場合は，当該計画に沿ったサービスを提供していますか。	居宅指定基準第140条で準用する第16条 予防指定基準第142条で準用する第17条
☐	10．サービスの提供の記録 ◇◆サービスを提供した際には，当該サービスの提供日および内容，当該指定短期入所生活介護（介護予防短期入所生活介護）について法第41条第6項の規定により利用者に代わって支払いを受ける居宅介護サービス費の額その他必要な事項を，利用者の居宅サービス計画を記載した書面またはこれに準ずる書面に記載していますか。	居宅指定基準第140条で準用する第19条第1項 予防指定基準第142条で準用する第20条第1項

☐	◇◆サービスを提供した際には，提供した具体的なサービスの内容等を記録するとともに，利用者からの申し出があった場合には，文書の交付その他適切な方法により，その情報を利用者に対して提供していますか。	居宅指定基準第140条で準用する第19条第2項 予防指定基準第142条で準用する第20条第2項
☐	11．利用料等の受領 ◇◆法定代理受領サービスに該当するサービスを提供した際には，利用者から利用料の一部として，当該指定短期入所生活介護（介護予防短期入所生活介護）にかかる居宅介護サービス費用基準額から当該指定短期入所生活介護事業者に支払われる居宅介護サービス費の額を控除して得た額の支払いを受けていますか。	居宅指定基準第127条第1項 予防指定基準第135条第1項
☐	◇◆次に掲げる以外の費用の支払いを利用者から受けていませんか。 １．食事の提供に要する費用 　（特定入所者介護サービス費等が利用者に支給された場合は食費の基準費用額，利用者に代わり事業者に支払われた場合は食費の負担限度額を限度とする） ２．滞在に要する費用 　（特定入所者介護サービス費等が利用者に支給された場合は居住費の基準費用額，利用者に代わり事業者に支払われた場合は居住費の負担限度額を限度とする） ３．厚生労働大臣の定める基準に基づき利用者が選定する特別な居室の提供を行ったことに伴い必要となる費用 ４．厚生労働大臣の定める基準に基づき利用者が選定する特別な食事の提供を行ったことに伴い必要となる費用 ５．送迎に要する費用（送迎加算を算定する場合を除く） ６．理美容代 ７．上記に掲げるもののほか，指定短期入所生活介護において提供される便宜のうち，日常生活においても通常必要となるものにかかる費用であって，その利用者に負担させることが適当と認められるもの ☆日常生活においても通常必要となるものにかかる費用であって，その利用者に負担させることが適当と認められるものについては，保険給付の対象となっているサービスと明確に区分されないあいまいな名目による費用の支払いを受けてはいませんか。	居宅指定基準第127条第3項 予防指定基準第135条第3項 居宅等基準通知第3の八の3の（3）②ト
☐	◇◆上記費用の額にかかるサービスの提供に当たっては，あらかじめ，利用者またはその家族に対し，当該サービスの内容および費用を記した文書を交付して説明を行い，利用者の同意を得ていますか。この場合において，1～4に掲げる費用にかかる同意については文書で得ていますか。	居宅指定基準第127条第5項 予防指定基準第135条第5項
☐	12．保険給付の請求のための証明書の交付 ◇◆法定代理受領サービスに該当しない指定短期入所生活介護（介護予防短期入所生活介護）にかかる利用料の支払いを受けた場合は，提供した指定短期入所生活介護（介護予防短期入所生活介護）の内容，費用の額その他必要と認められる事項を記載したサービス提供証明書を利用者に対して交付していますか。	居宅指定基準第140条で準用する第21条 予防指定基準第142条で準用する第21条

☐	13. 短期入所生活介護の取扱方針 ◇利用者の要介護状態の軽減または悪化の防止に資するよう，認知症の状況等利用者の心身の状況を踏まえて，日常生活に必要な援助を妥当かつ適切に行っていますか。		居宅指定基準第128条第1項
☐	◇相当期間以上にわたり継続して入所する利用者については，短期入所生活介護計画に基づき，漫然かつ画一的なものとならないよう配慮して行っていますか。 ☆「相当期間以上」とは，概ね4日以上連続して利用する場合を指すこととするが，4日未満の利用者にあっても，利用者を担当する居宅介護支援事業者等と連携をとること等により，利用者の心身の状況等を踏まえて，他の短期入所生活介護計画を作成した利用者に準じて，必要な介護および機能訓練等の援助を行っていますか。		居宅指定基準第128条第2項 居宅等基準通知第3の八の3の（4）①
☐	◇サービスの提供に当たっては，当該利用者または他の利用者等の生命または身体を保護するため緊急やむを得ない場合を除き，身体拘束その他利用者の行動を制限する行為を行ってはいませんか。		居宅指定基準第128条第4項
☐	◇身体拘束等を行う場合には，その態様および時間，その際の利用者の心身の状況ならびに緊急やむを得ない理由を記録していますか。		居宅指定基準第128条第5項
☐	◇自らその提供する指定短期入所生活介護の質の評価を行い，常にその改善を図っていますか。		居宅指定基準第128条第6項
☐	14. 介護予防短期入所生活介護の基本取扱方針 ◆指定介護予防短期入所生活介護は，利用者の介護予防に資するよう，その目標を設定し，計画的に行っていますか。		予防指定基準第143条
☐	◆自らその提供する指定介護予防短期入所生活介護の質の評価を行うとともに，主治の医師または歯科医師とも連携を図りつつ，常にその改善を図っていますか。		予防指定基準第143条第2項
☐	◆指定介護予防短期入所生活介護の提供に当たり，利用者ができる限り要介護状態とならないで自立した日常生活を営むことができるよう支援することを目的とするものであることを常に意識してサービスの提供に当たっていますか。		予防指定基準第143条第3項
☐	◆利用者がその有する能力を最大限活用することができるような方法によるサービスの提供に努めていますか。		予防指定基準第143条第4項
☐	◆指定介護予防短期入所生活介護の提供に当たり，利用者とのコミュニケーションを十分に図ることその他のさまざまな方法により，利用者が主体的に事業に参加するよう適切な働きかけに努めていますか。		予防指定基準第143条第5項
☐	15. 身体拘束等の禁止 ◆指定介護予防短期入所生活介護の提供に当たっては，当該利用者または他の利用者等の生命または身体を保護するため緊急やむを得ない場合を除き，身体的拘束その他利用者の行動を制限する行為を行ってはいませんか。		予防指定基準第136条第1項

	☐	◆身体的拘束等を行う場合には，その態様および時間，その際の利用者の心身の状況ならびに緊急やむを得ない理由を記録していますか。	予防指定基準第136条第2項
	☐	16. 短期入所生活介護計画の作成 ◇管理者は，相当期間以上にわたり継続して入所することが予定される利用者については，利用者の心身の状況，希望およびその置かれている環境を踏まえて，指定短期入所生活介護の提供の開始前から終了後に至るまでの利用者が利用するサービスの継続性に配慮して，他の従業者と協議の上，サービスの目標，当該目標を達成するための具体的なサービスの内容等を記載した短期入所生活介護計画を作成していますか。	居宅指定基準第129条第1項
	☐	◇短期入所生活介護計画は，すでに居宅サービス計画が作成されている場合は，当該計画のないように沿って作成していますか。	居宅指定基準第129条第2項
	☐	◇管理者は，短期入所生活介護計画の作成に当たっては，その内容について利用者またはその家族に対して説明し，利用者の同意を得ていますか。	居宅指定基準第129条第3項
	☐	◇管理者は，短期入所生活介護計画を作成した際には，当該短期入所生活介護計画を利用者に交付していますか。	居宅指定基準第129条第4項
	☐	17. 介護予防短期入所生活介護の具体的取扱方針 ◆指定介護予防短期入所生活介護の提供に当たっては，主治の医師または歯科医師からの情報伝達やサービス担当者会議を通じる等の適切な方法により，利用者の心身の状況，その置かれている環境等利用者の日常生活全般の状況の的確な把握を行っていますか。	予防指定基準第144条第1項
	☐	◆管理者は，相当期間以上にわたり継続して入所することが予定される利用者については，前号に規定する利用者の日常生活全般の状況および希望を踏まえて，指定介護予防短期入所生活介護の目標，当該目標を達成するための具体的なサービスの内容，サービスの提供を行う期間等を記載した介護予防短期入所生活介護計画を作成していますか。 ☆なお，介護予防短期入所生活介護計画については，介護の提供にかかる計画等の作成に関し経験のあるものや，介護の提供について豊富な知識および経験を有する者にそのとりまとめを行わせるものとし，当該事業所に介護支援専門員の資格を有する者がいる場合は，そのものに当該計画のとりまとめを行わせていますか。	予防指定基準第144条第2項 居宅等基準通知第4の三の8（2）の①
	☐	◆介護予防短期入所生活介護計画は，すでに介護予防サービス計画が作成されている場合は，当該計画の内容に沿って作成していますか。	予防指定基準第144条第3項
	☐	18. 介護 ◇◆介護は，利用者の心身の状況に応じ，利用者の自立の支援と日常生活の充実に資するよう，適切な技術を持って行っていますか。	居宅指定基準第130条第1項 予防指定基準第145条

☐	◇◆1週間に2回以上，適切な方法により，利用者を入浴させ，または清拭していますか。	居宅指定基準第130条第2項 予防指定基準第145条第2項
☐	◇◆利用者の心身の状況に応じ，適切な方法により，排泄の自立について必要な援助（支援）を行っていますか。	居宅指定基準第130条第3項 予防指定基準第145条第3項
☐	◇◆おむつを使用せざるを得ない利用者のおむつを適切に取り替えていますか。	居宅指定基準第130条第4項 予防指定基準第145条第4項
☐	◇◆利用者に対し，離床，着替え，整容その他日常生活上の世話（支援）を適切に行っていますか。	居宅指定基準第130条第5項 予防指定基準第145条第5項
☐	◇◆常時1人以上の介護職員を介護に従事させていますか。	居宅指定基準第130条第6項 居宅指定基準第145条第6項
☐	◇◆利用者の負担により，当該指定短期入所生活介護事業所の従業者以外の者による介護を受けさせていませんか。	居宅指定基準第130条第7項 予防指定基準第145条第7項
☐	19．食事 ◇◆栄養ならびに利用者の心身の状況および嗜好を考慮した食事を，適切な時間に提供していますか。	居宅指定基準第131条第1項 予防指定基準第146条第1項
☐	◇◆利用者が可能な限り離床して，食堂で食事を摂ることを支援していますか。 ☆食事提供については，利用者の嚥下や咀嚼の状況，食欲など心身の状態等を当該利用者の食事に的確に反映させるために，居室関係部門と食事関係部門との連携が十分とられていますか。 ☆食事内容については，当該事業者の医師または栄養士を含む会議において検討を加えていますか。	居宅指定基準第131条第2項 予防指定基準第146条第2項 居宅等基準通知第3の八の3（7）および第四の三の8の（4）
☐	20．機能訓練 ◇◆利用者の心身の状況等を踏まえ，必要に応じて日常生活を送る上で必要な生活機能の改善または維持のための機能訓練を行っていますか。	居宅指定基準第132条 予防指定基準第147条
☐	21．健康管理 ◇◆医師および看護職員は，常に利用者の健康の状況に注意するとともに，健康保持のための適切な措置をとっていますか。	居宅指定基準第133条第1項 予防指定基準第148条第1項

☐	22. 相談および援助 ◇◆常に利用者の心身の状況，その置かれている環境等の的確な把握に努め，利用者またはその家族に対し，その相談に応じるとともに，必要な助言その他の援助を行っていますか。		居宅指定基準第134条 予防指定基準第149条
☐	23. その他のサービスの提供 ◇◆教養娯楽設備等を備えるほか，適宜利用者のためのレクリエーション行事を行っていますか。		居宅指定基準第135条第1項 予防指定基準第150条第1項
☐	◇◆日常に利用者の家族との連携を図るよう努めていますか。		居宅指定基準第135条第2項 予防指定基準第150条第2項
☐	24. 利用者に関する市町村への通知 ◇◆指定短期入所生活介護（介護予防短期入所生活介護）を受けている利用者が次の各号のいずれかに該当する場合は，遅滞なく，意見を付してその旨を市町村に通知していますか。 一　正当な理由なしに指定短期入所生活介護（介護予防短期入所生活介護）の利用に関する指示に従わないことにより，要介護状態の程度を増進させたと認められる時。 二　偽りその他不正な行為によって保険給付を受け，または受けようとした時。		居宅指定基準第140条で準用する第26条 予防指定基準第142条で準用する第23条
☐	25. 緊急時等の対応 ◇◆現にサービスの提供を行っている時に利用者に病状の急変が生じた場合その他必要な場合は，速やかに主治の医師またはあらかじめ定めた協力医療機関への連絡を行う等の必要な措置を講じていますか。		居宅指定基準第136条 予防指定基準第137条
☐	26. 管理者の責務 ◇◆管理者は，従業者の管理および利用の申し込みにかかる調整，業務の実施状況の把握その他の管理を一元的に行っていますか。また，当該事業所の従業者に規定を遵守させるため必要な指揮命令を行っていますか。		居宅指定基準第140条で準用する第52条 予防指定基準第142条で準用する第52条
☐	27. 運営規定 ◇◆次に掲げる事業の運営についての重要事項に関する規程を定めていますか。 ①事業の目的および運営の方針 ②従業者の職種，員数および職務の内容 ③利用定員 ☆専用の居室のベッド数と同数とすること。 ④指定短期入所生活介護（介護予防短期入所生活介護）の内容および利用料その他の費用の額 ☆送迎の有無も含めたサービスの内容を指すものであること。 ⑤通常の送迎の実施地域 ☆客観的にその区域が特定されるものとすること。なお，通常の送迎の実施地域は，送迎にかかる費用の徴収等の目安であり，当該地域以外の地域に居住する被保険者に対して送迎が行われることを妨げるものではないものであること。		居宅指定基準第137条 予防指定基準第138条 居宅等基準通知第3の八の3（13）

	⑥サービス利用に当たっての留意事項 ☆サービスの提供を受ける際の，利用者側が留意すべき事項（入所生活上のルール，設備の利用上の留意事項等） ⑦緊急時等における対応方法 ⑧非常災害対策 ☆非常災害に関する具体的計画を指すもの ⑨人権擁護，虐待防止の体制整備 ⑩その他運営に関する重要事項 苦情処理 事故発生時の対応　等 ☆当該利用者または他の利用者等の生命または身体を保護するため緊急やむを得ない場合に，身体的拘束等を行う際の手続きについて定めておくことが望ましい。	
☐	28．勤務体制の確保等 ◇◆利用者に対し適切なサービスを提供できるよう，事業所ごとに従業者の勤務の体制を定めていますか。 ☆介護職員の勤務形態については，短期間の利用とはいえ，そのサービスの内容は，指定介護老人福祉施設である特別養護老人ホームと基本的に同様であることから，「社会福祉施設における防火安全対策の強化について（昭和62年9月18日社施第107号）」に定める特別養護老人ホームの夜間における勤務形態の取り扱いに準じてその体制を確保すること。また，夜間の介護職員数については，介護老人福祉施設における配置を参考に適切に配置すること。 ☆夜間の安全，防災上の管理の観点から，介護職員のほかに宿直員を配置することが望ましい。	居宅指定基準第140条で準用する第101条第1項 予防指定基準第142条で準用する102条 指定基準通知第3の8の3（15）
☐	◇◆従業者の資質の向上のために，その研修の機会を確保していますか。	居宅指定基準第140条で準用する第30条第3項 予防指定基準第142条で準用する第28条第3項
☐	29．定員の遵守 ◇◆利用定員および居室の定員を超えることとなる利用者数以上の利用者に対して同時にサービスの提供を行っていませんか。 （ただし，災害，虐待その他のやむを得ない事情がある場合は，この限りではない）	居宅指定基準第138条 予防指定基準第139条
☐	30．地域等との連携 ◇◆事業の運営に当たっては，地域住民またはその自発的な活動等との連携および協力を行う等の地域との交流に努めていますか。	居宅指定基準第139条 予防指定基準第140条
☐	31．非常災害対策 ◇◆非常災害に関する具体的計画を立て，非常災害時の関係機関への通報および連携体制を整備し，それらを定期的に従業者に周知するとともに，定期的に避難，救出その他必要な訓練を行っていますか。	居宅指定基準140条で準用する第103条 予防指定基準第142条で準用する第104条

☐	32. 衛生管理等 ◇◆利用者の利用する施設，食器その他の設備または飲用に供する水について，衛生的な管理に努め，または衛生上必要な措置を講じていますか。また，感染症が発生し，またはまん延しないように必要な措置を講ずるよう努めていますか。	居宅指定基準第140条で準用する第104条 予防指定基準第142条で準用する第105条
☐	33. 掲示 ◇◆事業所の見やすい場所に，運営規程の概要，従業員等の勤務の体制その他の利用申込者のサービスの選択に資すると認められる重要事項を掲示していますか。	居宅指定基準第140条で準用する第32条 予防指定基準第142条で準用する第30条
☐	34. 秘密保持等 ◇◆事業所の従業者は，正当な理由がなく，その業務上知り得た利用者またはその家族の秘密を漏らしていませんか。	居宅指定基準第140条で準用する第33条第1項 予防指定基準第140条で準用する第31条第1項
☐	◇◆当該事業所の従業者であった者が，正当な理由がなく，その業務上知り得た利用者またはその家族の秘密を漏らすことがないよう，必要な措置を講じていますか。	居宅指定基準第140条で準用する第33条第2項 予防指定基準第142条で準用する第31条第2項
☐	◇◆サービス担当者会議等において，利用者の個人情報を用いる場合は利用者の同意を，利用者の家族の個人情報を用いる場合は当該家族の同意を，あらかじめ文書により得ていますか。	居宅指定基準第140条で準用する第33条第3項 予防指定基準第142条で準用する第31条第3項
☐	35. 広告 ◇◆事業所について広告をする場合においては，その内容が虚偽または誇大なものとなっていませんか。	居宅指定基準第140条で準用する第34条 予防指定基準第140条で準用する第32条
☐	36. 居宅介護支援事業者に対する利益供与の禁止 ◇◆居宅介護支援事業者またはその従業者に対し，利用者に対して特定の事業者によるサービスを利用させることの対償として，金品その他の財産上の利益を供与していませんか。	居宅指定基準第140条で準用する第35条 予防指定基準第142条で準用する第33条
☐	37. 苦情処理体制 ◇◆提供したサービスにかかる利用者およびその家族からの苦情に迅速かつ適切に対応するために，苦情を受け付けるための窓口を設置する等必要な措置を講じていますか。	居宅指定基準第140条で準用する第36条第1項 予防指定基準第140条で準用する第34条第1項
☐	◇◆苦情を受け付けた場合には，当該苦情の内容等を記録していますか。	居宅指定基準第140条で準用する第36条第2項 予防指定基準第140条で準用する第34条第2項

☐	◇◆提供した指定短期入所生活介護（介護予防短期入所生活介護）に関し，法の規定により市町村が行う文書その他の物件の提出もしくは提示の求め，または当該市町村の職員からの質問もしくは照会に応じ，および利用者からの苦情に関して市町村が行う調査に協力するとともに，市町村から指導または助言を受けた場合においては，当該指導または助言に従って必要な改善を行っていますか。	居宅指定基準第140条で準用する第36条第3項 予防指定基準第142条で準用する第34条第3項
☐	◇◆市町村からの求めがあった場合には，前項の改善の内容を市町村に報告していますか。	居宅指定基準第140条で準用する第36条第4項 予防指定基準第142条で準用する第34条第4項
☐	◇◆提供した指定短期入所生活介護（介護予防短期入所生活介護）にかかる利用者からの苦情に関して国民健康保険団体連合会が行う調査に協力するとともに，国民健康保険団体連合会から指導または助言を受けた場合においては，当該指導または助言に従って必要な改善を行っていますか。	居宅指定基準第140条で準用する第36条第5項 予防指定基準第142条で準用する第34条第5項
☐	◇◆国民健康保険団体連合会からの求めがあった場合には，前項の改善の内容を国民健康保険団体連合会に報告していますか。	居宅指定基準第140条で準用する第36条第6項 予防指定基準第142条で準用する第34条第6項
☐	38．事故発生時の対応 ◇◆利用者に対する指定短期入所生活介護（介護予防短期入所生活介護）の提供により事故が発生した場合は，市町村，当該利用者の家族，当該利用者にかかる居宅介護支援事業者等に連絡を行い，必要な措置を講じていますか。	居宅指定基準第140条で準用する第37条第1項 予防指定基準第142条で準用する第35条第1項
☐	◇◆事故の状況および事故に際してとった処置について記録していますか。	居宅指定基準第140条で準用する第37条第2項 予防指定基準第142条で準用する第37条第2項
☐	◇◆利用者に対する指定短期入所生活介護（介護予防短期入所生活介護）の提供により賠償すべき事故が発生した場合は，損害賠償を速やかに行っていますか。	居宅指定基準第140条で準用する第37条第3項 予防指定基準第142条で準用する第35条第3項
☐	39．会計の区分 ◇◆事業所ごとに経理を区分するとともに，指定短期入所生活介護（介護予防短期入所生活介護）の事業とその他の事業の会計を区分していますか。	居宅指定基準第140条で準用する第38条 予防指定基準第142条で準用する第36条

☐	40. 記録の整備 ◇◆従業者，設備，備品および会計に関する諸記録を整備していますか。	居宅指定基準第139条2第1項 予防指定基準第141条第1項
☐	◇◆次に掲げる記録を整備し，その完結の日から2年間保存していますか。 ①短期入所生活介護計画（介護予防短期入所生活介護計画） ②提供した具体的なサービスの内容等の記録 ③身体拘束等の記録（態様，時間，その際の利用者の心身の状況，緊急やむを得ない理由） ④市町村への通知にかかる記録 ⑤苦情の内容等の記録 ⑥事故の状況および事故に際してとった処置についての記録	居宅指定基準第139条2第2項 予防指定基準第141条第2項

「根拠」欄に掲げている法令等
・介護保険法（平成9年法律第123号）
・介護保険法施行規則（平成11年厚生省令第36号）
・指定居宅サービス等の事業の人員，設備及び運営に関する基準（平成11年厚生省令第37号）＝（「**居宅指定基準**」）
・指定介護予防サービス等の事業の人員，設備及び運営並びに指定介護予防サービス等に係る介護予防のための効果的な支援の方法に関する基準（平成18年厚生労働省令第35号）＝（「**予防指定基準**」）
☆指定居宅サービス等及び指定介護予防サービス等に関する基準について（平成12年老企第25号）＝（「**居宅等基準通知**」）

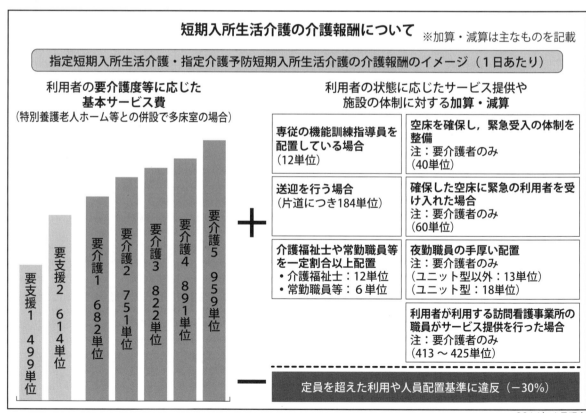

2014年4月現在

ショートステイに関する加算一覧

2014年4月現在

	加算名	単位数	算定要件
○	送迎加算	片道184単位	利用者の心身の状態・家族の事情等からみて送迎を行うことが必要と認められる利用者に対して，居宅と事業所間の送迎を行う場合。
○	緊急短期入所体制確保加算	40単位/日	利用定員の100分の5に相当する空床を確保し，緊急時にサービスを提供できる体制を整備しており，かつ，前3カ月における利用率が100分の90以上である場合に，全利用者に対して算定できる。
○	緊急短期入所受入加算	60単位/日	①介護者が疾病にかかっていることその他やむを得ない理由により，介護を受けることができない者であること，②居宅サービス計画に当該日に利用することが計画されていないこと，③介護支援専門員が緊急の利用を認めていること，④利用を開始した日から起算して原則7日を限度とする。
○	療養食加算	23単位/日	①食事の提供が管理栄養士または栄養士によって管理されていること，②利用者の年齢，心身の状況によって適切な栄養量および内容の食事が提供されていること，③医師の発行する食事せんに基づき提供されていること。
○	夜勤職員配置加算	13または18単位/日	夜勤を行う介護職員・看護職員の数が，最低基準を1人以上上回っていること。
○	認知症行動心理症状緊急対応加算	200単位/日	①認知症自立度がⅢ以上であって，認知症行動・心理症状が認められ，在宅生活が困難であると医師が判断した者であること，②利用開始日から起算して7日を限度とする。
○	若年性認知症利用者受入加算	120単位/日	受け入れた若年性認知症利用者ごとに個別の担当者を定めていること。
☆	看護体制加算Ⅰ	4単位/日	常勤の看護師を1名以上配置していること。
☆	看護体制加算Ⅱ	8単位/日	看護職員を常勤換算で入所者数が25またはその端数を増すごとに1名以上配置していること，②当該事業所の看護職員により，または病院等の看護職員との連携により24時間の連絡体制を確保していること。
☆	機能訓練体制加算	12単位/日	①専ら機能訓練指導員の職務に従事する常勤の理学療法士等を1名以上配置している，②理学療法士等である従業者を機能訓練指導員として常勤換算で利用者数を100で除した数以上配置している。
☆	在宅中重度者受入加算	413～425単位/日	看護体制加算を算定し，利用者が利用していた訪問看護事業所に利用者の健康上の管理を行わせた場合。
△	緊急短期入所受入加算	90単位/日	①利用者の状態や家族の事情等により，介護支援専門員がサービスを受ける必要があると認めていること，②居宅サービス計画において計画的に行うこととなっていない，③利用を開始した日から起算して7日を限度とすること。
△	重度療養管理加算	120単位/日	要介護4または5であって，別に厚生労働大臣が定める状態であるものに対して，医学的管理のもと，短期入所療養介護を行った場合。
△	リハビリテーション機能強化加算	30単位/日	常勤の理学療法士，作業療法士または言語聴覚士を1人以上配置し，個別リハビリ計画に基づき，サービスを行う体制の場合。
△	個別リハビリテーション実施加算	240単位/日	理学療法士，作業療法士または言語聴覚士が，1日20分以上の個別リハビリを行った場合。
△	認知症ケア加算	76単位/日	認知症自立度がⅢ以上であって，介護を必要とする認知症の利用者に対し，サービスを行った場合。
△	緊急時治療管理	500単位/日	利用者の病状が重篤となり救命救急医療が必要となる場合において緊急的な治療管理としての投薬，検査，注射，処置等を行った場合。

○＝生活介護，療養介護の共通　☆＝生活介護のみ　△＝療養介護のみ

引用・参考文献（50音順）

大田区通所介護事業者連絡会編：デイサービス生活相談員　業務必携，日総研出版，2011.
口村淳：高齢者ショートステイにおけるレジデンシャル・ソーシャルワーク―生活相談員の業務実態と援助内容の分析，法律文化社，2013.
口村淳：ケアプランと連動した短期入所生活介護計画作成の課題と実践，高齢者安心安全ケア，Vol.10，No. 4，P.39～45，2013.
口村淳：ショートステイにおいて利用者と家族の意向に相違が見られる事例へのかかわり，相談援助＆運営管理，Vol. 3，No. 3，P.23～26，2012.
口村淳：ショートステイにおける相談業務と記録の活用方法，支援・生活相談員，Vol. 2，No. 2，P.75～83，2011.
口村淳：高齢者ショートステイにおける生活相談員の悩みとは何か―全国調査における自由記述の分析を通して，評論・社会科学，97，P.81～91，2011.
ショートステイ運営研究会／大村洋永，高橋好美：活力ある「ショートステイ」マネジメントへのノウハウ，中央法規出版，2010.
杉山孝博：杉山孝博 Dr. の認知症の理解と援助，クリエイツかもがわ，2007.
全国介護保険実務研究会編：介護保険と在宅サービス―ショートステイを中心として，大成出版社，1999.
外山潤：介護保険事業者への苦情・クレームの実態と訴訟に発展してしまうケース，相談援助＆業務マネジメント，Vol. 5，No. 3，P.37～41，2014.
高野範城他：介護事故とリスクマネジメント，あけび書房，2004.
高室成幸：ケアマネジメントの仕事術，中央法規出版，2005.
立松麻衣子，齋藤功子，西村一朗：ショートステイを効果的に運用するための施設側の方策―高齢者居宅支援に有効なショートステイ・サービスに関する研究，介護福祉学，Vol.11，No. 1，P.12～23，2004.
立松麻衣子，齋藤功子，西村一朗：居住環境・生活状況における自宅と施設の連続性，介護福祉学，Vol.10，No. 1，P.49～59，2003.
中央法規出版編集部：社会福祉用語辞典，中央法規出版，2007.
東京都社会福祉協議会：ショートステイの利用に関するニーズとサービス調整の実態調査結果報告書，東京都社会福祉協議会，2002.
東社協センター部会，ショートステイのあり方検討委員会：ショートステイから見える在宅福祉・介護保険の今―ショートステイに関する現状調査報告書，東京都社会福祉協議会，2008.
時田純他：27ケースから見るショートステイ安心ケアのポイント，筒井書房，2011.
中里仁：ショートステイケアプラン記載事例集，日総研出版，2009.
中村友妃子：クレーム対応のポイントがわかる本，秀和システム，2011.
中山賢介：いま，起きているショートステイの不思議―医療依存の高齢者お断りの背景，シニア・コミュニティ，54，P.28～31，2008.
成澤正則：ショートステイプランのつくり方，日総研出版，2008.
廣瀬貴一：レスパイトサービスについての基礎的研究，厚生省心身障害研究―心身障害児（者）の地域福祉体制の整備に関する総合的研究，P. 1～30，1992.
舟橋孝之：クレーム対応の基本がしっかり身につく本，中経出版，2011.
堀公俊：ビジネス・フレームワーク，日本経済新聞出版社，2013.
松村明監修：大辞泉，第2版，小学館，2012.
宮本薫：きちんと苦情対応―介護職員のための苦情対応マニュアル，全国社会福祉協議会，2014.
山縣文治，柏女霊峰：社会福祉用語辞典　第6版，ミネルヴァ書房，2007.
吉岡隆編：共依存―自己喪失の病，中央法規出版，2000.
「特集・揺らぐ短期入所―安心の拠点を求めて」，総合ケア，Vol.10，No. 7，P. 6～49，2000.
「特集・What's ショートステイ―施設機能を使って在宅生活を支えるサービス　ショートステイのよりよい利用法と可能性を考える」，ケアマネジャー，Vol. 7，No. 9，P.14～31，2005.
「特集・ショートステイを考える」，ふれあいケア，Vol.18，No. 7，P.10～33，2012.
「特集・ショートステイサービスのこれから」，ふれあいケア，Vol.10，No.10，P. 6～21，2004.
「特集・ショートステイを上手に運用しよう」，おはよう21，Vol.18，No. 2，P.12～28，2007.
「特集・きちんと使えてますか？　ショートステイ」，月刊ケアマネジメント，Vol.21，No.11，P. 6～26，2010.
「特集・ショートステイにおける施設と訪問看護の連携」，コミュニティケア，Vol.14，No. 2，P.12～31，2012.
「特集・ショートステイにおける看護―特養での実践」，コミュニティケア，Vol.11，No. 5，P.12～33，2009.

著者紹介

口村　淳（くちむらあつし）

博士（社会福祉学）
社会福祉法人恩賜財団済生会支部滋賀県済生会
特別養護老人ホーム淡海荘　係長・生活相談員
社会福祉士／介護支援専門員／介護福祉士

1996年，現施設に生活相談員として入職。1999年から2011年までショートステイを専属担当し，現在は特別養護老人ホームの生活相談員として従事。社会福祉士，介護支援専門員，介護福祉士。同志社大学大学院博士課程修了。博士（社会福祉学）。同志社大学社会学部嘱託講師も務める。主な著書『高齢者ショートステイにおけるレジデンシャル・ソーシャルワーク』（単著，法律文化社），『成功事例で学ぶ！　相談員が進める稼働率アップの具体策』（分担執筆，日総研出版）。

「また利用したい」と言わせる　ショートステイ　相談援助・運営管理

2015年2月26日 発行　第1版第1刷

著者：口村　淳 ⓒ	企画：日総研グループ 代表：岸田良平 発行所：日総研出版

本部　〒451-0051 名古屋市西区則武新町3-7-15(日総研ビル)　☎(052)569-5628　FAX (052)561-1218

日総研お客様センター　電話 0120-057671　FAX 0120-052690　名古屋市中村区則武本通1-38 日総研グループ縁ビル 〒453-0017

- 札幌　☎(011)272-1821　FAX (011)272-1822　〒060-0001 札幌市中央区北1条西3-2(井門札幌ビル)
- 仙台　☎(022)261-7660　FAX (022)261-7661　〒984-0816 仙台市若林区河原町1-5-15-1502
- 東京　☎(03)5281-3721　FAX (03)5281-3675　〒101-0062 東京都千代田区神田駿河台2-1-47(廣瀬お茶の水ビル)
- 名古屋　☎(052)569-5628　FAX (052)561-1218　〒451-0051 名古屋市西区則武新町3-7-15(日総研ビル)
- 大阪　☎(06)6262-3215　FAX (06)6262-3218　〒541-8580 大阪市中央区安土町3-3-9(田村駒ビル)
- 広島　☎(082)227-5668　FAX (082)227-1691　〒730-0013 広島市中区八丁堀1-23-215
- 福岡　☎(092)414-9311　FAX (092)414-9313　〒812-0011 福岡市博多区博多駅前2-20-15(第7岡部ビル)
- 編集　☎(052)569-5665　FAX (052)569-5686　〒451-0051 名古屋市西区則武新町3-7-15(日総研ビル)
- 流通　☎(052)443-7368　FAX (052)443-7621　〒490-1112 愛知県あま市上萱津大門100

この本に関するご意見は，ホームページまたはEメールでお寄せください。E-mail cs@nissoken.com

・乱丁・落丁はお取り替えいたします。本書の無断複写複製（コピー）やデータベース化は著作権・出版権の侵害となります。
・この本に関する訂正等はホームページをご覧ください。www.nissoken.com/sgh

研修会・出版の最新情報は
www.nissoken.com

スマホ・PCから　日総研　で検索！